# 安全风险管控指南

（谏壁二线船闸扩容改造工程）

镇江市港航事业发展中心
江苏科兴项目管理有限公司 ◎ 编著

·南京·

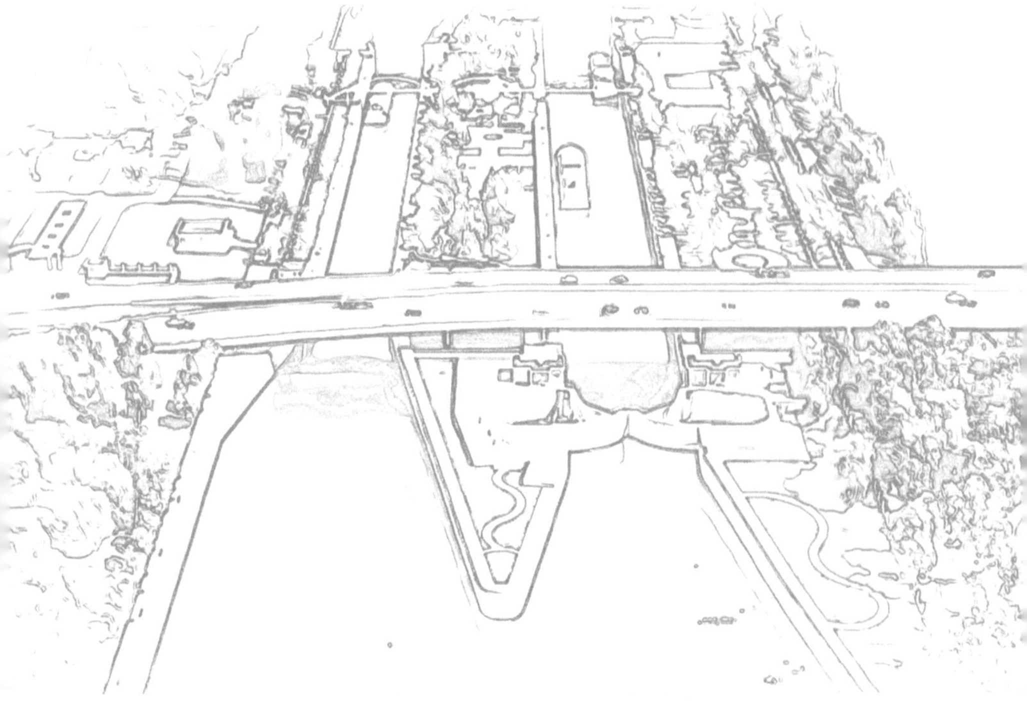

图书在版编目(ＣＩＰ)数据

安全风险管控指南：谏壁一线船闸扩容改造工程 / 镇江市港航事业发展中心，江苏科兴项目管理有限公司编著. -- 南京：河海大学出版社，2023.12
　ISBN 978-7-5630-8568-2

Ⅰ. ①安… Ⅱ. ①镇… ②江… Ⅲ. ①船闸—扩容改造—工程施工—安全生产—风险管理—镇江 Ⅳ. ①U641.5

中国国家版本馆 CIP 数据核字(2023)第 236799 号

| 书　　名 | 安全风险管控指南(谏壁一线船闸扩容改造工程) |
|---|---|
| 书　　号 | ISBN 978-7-5630-8568-2 |
| 责任编辑 | 成　微 |
| 特约校对 | 徐梅芝 |
| 封面设计 | 徐娟娟 |
| 出版发行 | 河海大学出版社 |
| 地　　址 | 南京市西康路 1 号(邮编：210098) |
| 网　　址 | http://www.hhup.com |
| 电　　话 | (025)83737852(总编室)　(025)83787769(编辑室)<br>(025)83722833(营销部) |
| 经　　销 | 江苏省新华发行集团有限公司 |
| 排　　版 | 南京布克文化发展有限公司 |
| 印　　刷 | 广东虎彩云印刷有限公司 |
| 开　　本 | 787 毫米×1092 毫米　1/32 |
| 印　　张 | 4.875 |
| 字　　数 | 100 千字 |
| 版　　次 | 2023 年 12 月第 1 版 |
| 印　　次 | 2023 年 12 月第 1 次印刷 |
| 定　　价 | 48.00 元 |

## 安全风险管控指南
## 编辑委员会

| 编 写 单 位 | 镇江市港航事业发展中心 |
|---|---|
| | 江苏科兴项目管理有限公司 |
| 审　　　核 | 李　俊　张齐兴 |
| 主要编写人员 | 张　涛　季　立　沈小金　杨　彬 |
| | 汤照辉　章昆仑　杨　宁　宋若宇 |
| | 梁忠科　张宇杰　孙修兵　周　灿 |
| | 符　平 |

# 前　言

　　2021年8月3日，江苏省交通运输厅正式印发《江苏省"十四五"水运发展规划》，明确到2025年，基本形成安全、便捷、高效、绿色、经济的现代化水运体系，千吨级航道县级及以上节点覆盖率达87%，覆盖60%的省级及以上开发区，内河集装箱运输核心通道全面贯通，基本形成"两纵五横"高等级航道网络。到2035年，千吨级航道通达全省90%以上县级节点和70%以上省级及以上开发区，船闸安全生产标准化一级达标率达100%。全省船闸工程改建、扩建向着规模化、复杂化和专业化的方向发展。谏壁船闸工程建设过程中，涉及深大基坑、大型结构起重吊装、支架脚手架高处作业、水上作业、交叉作业等大量高风险作业项目，且周边构筑物多、地质条件复杂、大型设备设施应用多、施工组织协调难度大等，有众多不安全环境因素。因此，有效管控安全风险显得尤为重要。

　　全面落实建设期全过程安全管理措施，切实加强船闸工程施工安全风险预控管理势在必行。为此，我们以谏壁船闸工程为主要研究对象，从规范船闸工程施工安全风险评估工作，增强风险管理意识，优化施工方案，提高施工安全风险辨识评估及防控能力，促进危大工程实施管理全过程规范化等角度，编写了这本《安全风险管控指南》(以下简称《指南》)，针对性地梳理了船闸施工安全风险管控的具体要求、原则、程序、方法及措施,旨在提升项目建设期施工安全风险全过程管控和应对能力,也可为类似项目施工安全风险管理提供借鉴。

本《指南》共分八章。第一章介绍了研究目的和依据,分析了船闸工程施工安全生产工作重点和难点;第二章阐述了总体风险评估要求及方法;第三章讲述了专项风险评估原则和措施;第四章介绍了危大工程实施全过程安全生产管理方法和要求;第五章说明了施工风险管控措施及清单;第六章研究了安全风险网格化管理模式;第七章阐述了隐患排查治理工作要求;第八章介绍了安全风险信息化管理相关内容。

本《指南》研究编撰过程中,得到了水运施工、安全管理、设备管理、风险管理等方面专家的悉心指导,以及谏壁船闸建设、施工、咨询等各参建单位的大力支持,在此一并表示感谢!

限于作者水平和经验,书中难免存在疏漏和欠妥之处,敬请读者批评指正。

作　者

2023 年 11 月 21 日

# 目 录

## 第一章 总则
1.1 引言 ………………………………… 003
1.2 术语 ………………………………… 003
1.3 范围 ………………………………… 005
1.4 编制依据 …………………………… 005
1.5 项目概况 …………………………… 009
1.6 主要分部分项工程的施工方法及安全管理重难点 ………………………… 012

## 第二章 总体风险评估要求及方法
2.1 一般要求 …………………………… 025
2.2 专家调查法 ………………………… 025
2.3 指标体系法 ………………………… 027
2.4 总体风险评估成果 ………………… 031

## 第三章 专项风险评估
3.1 评估原则 …………………………… 035
3.2 评估方法 …………………………… 035
3.3 评估与分级 ………………………… 035
3.4 评估结果 …………………………… 036

## 第四章 危险性较大的分部分项工程管理

- 4.1 危大工程管理要求 ·················· 039
- 4.2 前期保障措施 ····················· 040
- 4.3 专项施工方案编制计划清单 ············· 040
- 4.4 专项施工方案编制要求 ················ 041
- 4.5 专项施工方案编制、审查、论证 ·········· 058
- 4.6 危大工程施工现场安全管理 ············· 060
- 4.7 危大工程施工监控监测及检查验收 ········ 061
- 4.8 危大工程施工应急管理 ················ 062
- 4.9 危大工程档案管理 ··················· 062
- 4.10 参建各方责任 ····················· 063

## 第五章 风险管控措施及清单

- 5.1 评估与分级原则 ···················· 069
- 5.2 风险识别及分级管控要求 ··············· 069
- 5.3 风险告知、预警及动态管理措施 ·········· 072
- 5.4 风险管控清单 ····················· 076

## 第六章 安全风险网格化管理要求

- 6.1 管理模式 ························· 115
- 6.2 遵循原则 ························· 115
- 6.3 网格化组织体系设置 ················· 115
- 6.4 工作职责 ························· 116

6.5 责任考核 ········································································ 120

6.6 实施要求 ········································································ 121

## 第七章 隐患排查治理工作要求

7.1 定义 ············································································· 125

7.2 工作原则 ········································································ 125

7.3 责任分工 ········································································ 125

7.4 隐患分级 ········································································ 126

7.5 建立清单台账 ·································································· 126

7.6 一般隐患整改 ·································································· 126

7.7 重大隐患整改 ·································································· 127

7.8 工作要求 ········································································ 127

7.9 本项目常见重大事故隐患 ···················································· 129

## 第八章 安全风险信息化管理

8.1 信息化风险管理目的 ························································· 141

8.2 信息化风险管理途径 ························································· 141

8.3 系统预警信息处理 ···························································· 141

8.4 专职管理人员职责 ···························································· 142

8.5 主体责任落实 ·································································· 142

8.6 创新管理要求 ·································································· 142

# 第一章

## 总 则

## 1.1　引言

根据国家安全生产法律法规及标准要求,结合本项目安全管理重难点及危险性较大工程内容,针对性编制了本项目《安全风险管控指南》(以下简称《指南》),本《指南》规定了船闸工程施工安全风险辨识评估、分级管控、危大工程管理、安全风险网格化和信息化管理及隐患排查治理等相关工作要求,可作为本项目及同类工程的安全风险管控工作指南。

## 1.2　术语

风险:某一事故发生的可能性和严重程度的组合。

致险因素:促使公路水路行业各类突发事件发生,或增加其发生的可能性,或扩大其损失程度,或增大其不良社会影响的潜在原因或条件。重点关注人、设施设备、环境和管理方面影响公路水路行业安全生产的各项因素。如:自然灾害、地质条件、技术方案、作业活动、施工设备、危险物质、作业环境等。

风险辨识:通过对工程施工过程进行系统分解,找出可能存在的致险因子,调查各施工工序潜在风险事件的过程。

风险评估:将风险辨识的结果按照风险评估标准进行评估,以确定风险和(或)其量的大小、级别,以及是否可接受或可容许。包括总体风险评估和专项风险评估。

风险等级:单一风险或组合风险的大小,以后果和可能性的组合来表达。风险等级分为低风险、一般风险、较大风险、重大风险四级。

风险管控：指导和控制风险的组织协调活动，应对风险的措施。管控包括应对风险的任何流程、策略、设施设备、操作或其他行动。

危大工程：全称"危险性较大的分部分项工程"，是指在施工过程中，容易导致人员群死群伤或者造成重大经济损失的分部分项工程。

安全隐患：是生产经营单位违反安全生产法律、法规、规章、标准、规程和安全生产管理制度等规定，或因其他因素在生产经营活动中存在的可能导致安全生产事故发生的人的不安全行为、物的不安全状态、场所的不安全因素和管理上的缺陷。

重大隐患：是指危害和整改难度大，极易导致重特大安全生产事故，需要全部或者局部停产停业，并经过一定时间整改治理方能消除的隐患，或者因外部因素影响致使生产经营单位自身难以消除的隐患。

一般隐患：是指危害和整改难度小，可能导致一般安全生产事故发生，发现后能够立即整改排除的隐患。

危险作业：是指存在潜在危险，可能导致人员伤亡或财产损失的工作。当生产任务紧急，不适于执行一般性的安全操作规程，安全可靠性差，容易发生人员伤亡、财产损失或设备损坏，事故后果严重，需要采取特别控制的特殊作业。

## 1.3 范围

本《指南》适用于谏壁一线船闸扩容改造工程项目安全风险分级管控与隐患排查治理双重预防机制建设工作,也适用于其他船闸工程项目建设安全风险管控工作。

## 1.4 编制依据

### 1. 相关国家法律、法规

(1)《中华人民共和国安全生产法》
(2)《中华人民共和国特种设备安全法》
(3)《中华人民共和国消防法》
(4)《中华人民共和国突发事件应对法》
(5)《中华人民共和国航道法》
(6)《中华人民共和国水法》
(7)《中华人民共和国建筑法》
(8)《中华人民共和国河道管理条例》
(9)《生产安全事故报告和调查处理条例》
(10)《建设工程安全生产管理条例》
(11)《工伤保险条例》
(12)《生产安全事故应急条例》
(13)《安全生产许可证条例》

(14)《中华人民共和国航道管理条例》

**2. 部门规章及政府规范性文件**

(1)《中华人民共和国航道管理条例实施细则》(中华人民共和国交通运输部令2009年第9号)

(2)《公路水运工程安全生产监督管理办法》(中华人民共和国交通运输部令2017年第25号)

(3)《危险性较大的分部分项工程安全管理规定》(中华人民共和国住房和城乡建设部令第37号)

(4)《生产安全事故应急预案管理办法》(中华人民共和国应急管理部令第2号)

(5)《特种设备作业人员监督管理办法》(国家质量监督检验检疫总局令第140号)

(6)《特种设备目录》(国家质量监督检验检疫总局公告2014年第114号)

(7)《特种作业人员安全技术培训考核管理规定》(国家安全生产监督管理总局令第30号)

(8)《中华人民共和国水上水下作业和活动通航安全管理规定》(中华人民共和国交通运输部令2021年第24号)

(9)《江苏省安全生产条例》(2023年修订版)

(10)《公路水运工程平安工地建设管理办法》(交安监发〔2018〕43号)

(11)《江苏省公路水运工程施工安全风险辨识评估管控指南(试行)》(江苏省交通运输厅,2022年7月)

(12)《江苏省公路水运工程施工安全风险评估报告编制要求》(江苏省交通运输综合行政执法监督局,2022年4月)

(13)《公路桥梁和隧道工程施工安全风险评估指南(试行)》(中华人民共和国交通运输部,2011年5月)

### 3. 标准、规范

(1)《企业职工伤亡事故分类》(GB/T 6441—1986)
(2)《混凝土结构设计规范》(GB 50010—2010)
(3)《钢结构设计标准》(GB 50017—2017)
(4)《公路工程技术标准》(JTG B01—2014)
(5)《公路桥涵施工技术规范》(JTG/T 3650—2020)
(6)《公路工程地质勘察规范》(JTG C20—2011)
(7)《公路工程施工安全技术规程》(JTG F90—2015)
(8)《公路路基设计规范》(JTG D30—2015)
(9)《施工现场临时用电安全技术规范》(JGJ 46—2005)
(10)《建筑施工高处作业安全技术规范》(JGJ 80—2016)
(11)《水运工程施工安全防护技术规范》(JTS 205—1—2008)
(12)《水运工程施工通则》(JTS 201—2011)
(13)《防洪标准》(GB 50201—2014)
(14)《水运工程混凝土施工规范》(JTS 202—2011)
(15)《疏浚与吹填工程技术规范》(SL 17—2014)
(16)《水运工程环境保护设计规范》(JTS 149—2018)
(17)《建筑施工安全检查标准》(JGJ 59—2011)

(18)《建筑拆除工程安全技术规范》(JGJ 147—2016)

(19)《建筑灭火器配置设计规范》(GB 50140—2005)

(20)《建筑机械使用安全技术规程》(JGJ 33—2012)

(21)《江苏省航道工程施工标准化指南》(工地建设)

(22)《公路水运工程施工安全风险评估指南 第1部分：总体要求》(JT/T 1375.1—2022)

(23)《公路水运工程施工安全风险评估指南 第7部分：船闸工程》(JT/T 1375.7—2022)

### 4. 项目设计和施工方面的文件

(1)《谏壁一线船闸扩容改造工程施工图设计》(华设设计集团股份有限公司,2023年5月)

(2)《谏壁一线船闸扩容改造工程水工建筑物施工项目(JBYX—SG1标段)总体施工组织设计》

(3)《谏壁一线船闸扩容改造工程水工建筑物施工项目(JBYX—SG1标段)上下游全年围堰专项施工方案》(江苏省交通工程集团有限公司谏壁一线船闸扩容改造工程JBYX—SG1标项目经理部,2023年7月)

(4)《谏壁一线船闸扩容改造工程水工建筑物施工项目(JBYX—SG1标段)围堰工程施工通航安全保障方案》(江苏省交通工程集团有限公司谏壁一线船闸扩容改造工程JBYX—SG1标项目经理部,2023年7月)

(5)《谏壁一线船闸扩容改造工程施工安全总体风险评估报告》

(6)《谏壁一线船闸扩容改造工程水工建筑物施工项目(JBYX—SG1标段)施工安全专项风险评估报告》

## 1.5　项目概况

谏壁一线船闸扩容改造工程采用在现有谏壁一线船闸原位改建的方式施工。现有谏壁一线船闸与谏壁节制闸中心线相距150 m,船闸等级为Ⅲ级,建设规模为230 m×20 m×4 m;谏壁二线船闸与现有谏壁一线船闸中心线平行,相距80 m,船闸等级为Ⅲ级,建设规模为230 m×23 m×4 m。

拟扩容改造的谏壁一线船闸工程设计采用Ⅱ级标准。设计最大船舶吨级为2 000 t;船闸规模为370 m×34 m×6 m(闸室长×口门宽×门槛水深);船闸上下闸首、闸室结构采用钢筋混凝土坞式结构,上闸首及闸室局部采用水泥搅拌桩进行地基处理,下闸首不进行地基处理,底板底设置素砼垫层。船闸施工区域总体平面布置如图1.5-1。

上、下游主导航墙靠近闸首段利用闸首基坑支护(如图1.5-2),其余采用双排灌注桩+上部承台结构(如图1.5-3);上、下游辅导航墙一线闸侧与上闸首相接段采用基坑支护结构,其余段采用单排灌注桩+拉杆结构(如图1.5-4);上、下游辅导航墙二线闸侧采用下部双排钢板桩+上部承台结构(施工期兼做围堰)。主、辅导航墙迎水面均设置钢板护面,背水面设置排水管,其中近闸首10 m范围内不设置横向排水管。

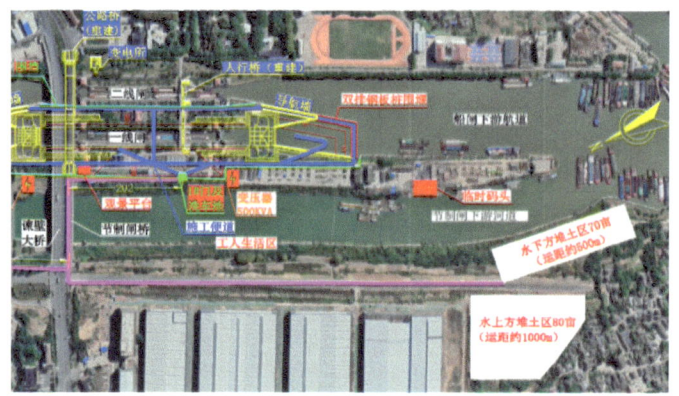

图 1.5-1　船闸施工区域总体平面布置

图 1.5-2　基坑支护结构

公路桥：桥跨布置为 27.5 m＋45 m＋27.5 m＋60 m＋27.5 m，桥梁全长 194.78 m，接线全长 55.22 m，桥梁宽度 13.5 m，局部增设检修道段宽度 17.5 m。跨一线船闸主桥采用 45 m 简支钢箱梁，跨二线船闸主桥采用 60 m 简支钢箱梁，引桥采用装配式预应力混凝土组合箱梁，下部结构采用柱式墩，钻孔灌注桩基础。

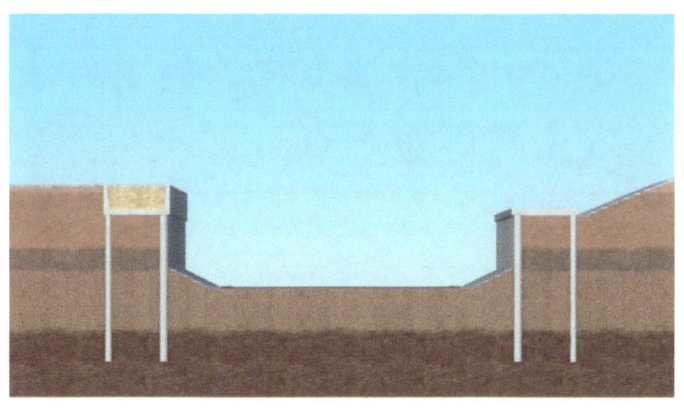

图 1.5-3　双排灌注桩导航墙

图 1.5-4　单排灌注桩导航墙

人行桥：桥跨布置为 45 m＋36 m，全长 81 m，桥梁宽度 3.3 m。跨一线船闸主桥采用 45 m 简支系杆拱，跨闸区中间岛主桥采用 36 m 简支系杆拱，下部结构采用墙式墩，钻孔灌注桩基础。

配电房：建筑面积 241.65 m$^2$。配电房建筑结构采用钢筋混凝土框架结构，基础为预应力混凝土实心方桩基础。

# 1.6 主要分部分项工程的施工方法及安全管理重难点

### 1. 围堰施工

(1) 钢板桩围堰施工采用"浮吊+振拔锤"打设沉桩方法,长螺旋钻机引孔辅助钢板桩打设。围堰施工首先在二线闸侧上下游打设9组钢管防护桩,后沿二线闸首逐段打设双排钢板桩围堰至一线节制闸侧,使围堰形成闭合。钢拉杆安装过程中回填袋装土。后施工钢板桩顶部的"U"形承台和临时道路结构。

(2) 上游钢板桩围堰顶高程▽7.36,设置双层直径65 mm钢拉杆,间距2.4 m,拉杆高程分别为▽2.00、▽6.36(结构形式如图1.6-1)。上游围堰长228 m、宽8 m、高10 m。钢板桩围堰施工流程:钢板桩制作→打入钢板桩→围堰内抽水堵漏→围堰堰身填筑→钢板桩拔除→堰身拆除。

(3) 后期保留兼作辅导航墙段钢板桩围堰,采用上部承台+下部双排钢板桩结构。承台底高程▽2.50,顶高程▽6.96(结构形式如图1.6-2)。

(4) 下游钢板桩围堰长96 m、宽7 m、高9 m,土围堰长105 m、宽68.3 m、高9 m。土围堰施工流程:填筑施工→防渗结构施工→护面施工→土石方挖除。

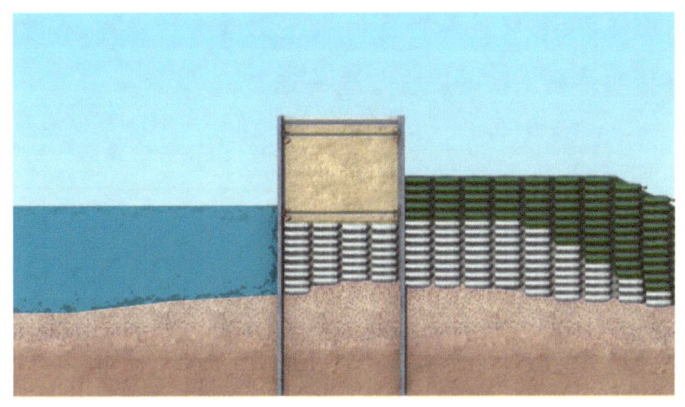

图 1.6-1　双排钢板桩围堰结构

图 1.6-2　双排钢板桩导航墙结构

（5）围堰施工安全管理重难点：本项目土围堰和钢板桩围堰共计 918 m，位置紧邻长江口，浪溅区水位变化大；基坑开挖后围堰内外高差达 11 m，堰体内外压力差大；地质资料显示双排钢板桩围堰处于淤泥土层，稳定性差。如何防止堰体失稳，是安全管理的难点。在一线船闸施工期，二线船闸正常运行，船舶通行流量大，边通航边施工使航道变窄，加上水上打桩作业占用航道,须采取科学可靠的水上交通组织措施,有效防范船舶碰撞和堵航风险是安全管理的重点。

### 2. 深基坑及支护施工

本项目上闸首基坑开挖最大深度达 21.56 m,根据地质资料、基坑开挖深度及设计图纸,基坑开挖采用"基坑防护＋放坡开挖＋明沟排水"方案。

(1) 闸首基坑开挖施工工艺流程

上闸首基坑土方分四期开挖:一期土方由闸首施工面▽3.6(前期支护桩已施工)开挖至▽0.8,施工第一道支撑(如图1.6-3);二期土方由▽0.8开挖至▽－4.2,施工第二道支撑(如图1.6-4);三期土方由▽－4.2开挖至▽－9.2,施工第三道支撑(如图1.6-5);四期土方由▽－9.2开挖至基底预留土方标高(▽－14.0)。然后小挖机配合人工突击开挖预留保护层土方,并施工基底集水井(闸室段超挖回填位置)。

图 1.6-3 闸首基坑第一道支护结构

图 1.6-4　闸首基坑第二道支护结构

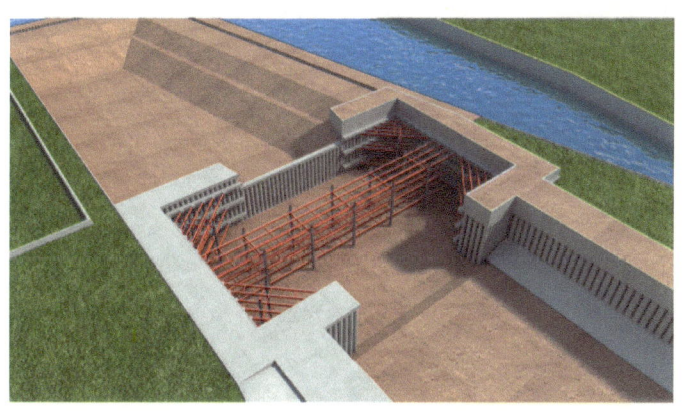

图 1.6-5　闸首基坑第三道支护结构

下闸首基坑土方同样分四期开挖：一期土方由闸首施工面左侧▽3.6、右侧▽6.27(前期支护桩已施工)开挖至▽2.1,施工第一道支撑；二期土方由▽2.1开挖至▽-3.0,施工第二道支撑；三期土方由▽-3.0开挖至▽-8.3,施工第三道支撑；四期土方由▽-8.3开挖至基底预留土方标高(▽-11.25)。

然后小挖机配合人工突击开挖预留保护层土方,并施工基底集水井(闸室段超挖回填位置)。

(2) 闸室段基坑开挖施工流程

谏壁大桥加固桩及第一道系梁施工完成后,开挖上游段闸室基坑土方。闸室基坑土方总体分四期开挖:一期土方由原地面开挖至▽3.6,同步破碎拆除同层次老闸结构;二期土方由▽3.6开挖至▽0.0,施工平台及排水沟,同步破碎拆除同层次老闸结构,完成谏壁大桥加固桩第二道系梁;三期土方由▽0.0开挖至老闸底板底,同步破碎拆除同层次老闸结构;四期土方由老闸底板底开挖至预留土方标高(▽-9.1),然后小挖机配合人工突击开挖预留保护层土方,并施工基底排水沟。

(3) 基坑及支护施工安全管理重难点

本项目基坑为深大基坑,上闸首基坑挖深达21.56 m、闸室挖深16.8 m、桥梁加固桩处挖深超过10 m,开挖深度大、土质差、地下水位高,基坑边坡失稳、渗漏风险大。保持开挖顺序、方法及施工工况与设计方案的一致性是安全管理的重点;如何保证基坑降排水、基坑支护和边坡防护的有效性是安全管理的难点;采取可靠措施对边坡、支护体系、相邻构筑物持续监控监测并及时预警,也是保证施工安全的重点。

### 3. 闸首施工

闸首采用抗震性能好的钢筋砼坞式结构。闸首口门宽34.0 m,边墩宽度为21.5 m,闸首总宽度为77.0 m,闸首总高20.1 m,分3层浇筑,闸首长44 m(闸首结构如图1.6-6)。船闸承受双向水头,闸门采用三角门,输水廊道断面尺寸为5.0 m×5.0 m(宽×高),出口段5.0 m×4.0 m(宽×高)。闸首廊道均设置在门库侧面,阀门设置在廊道的进口段。

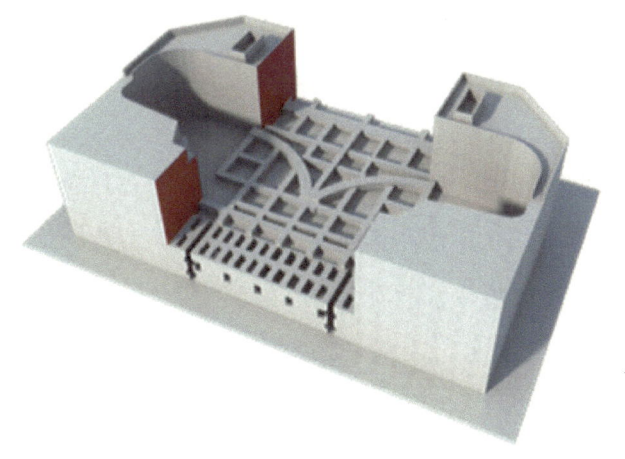

图1.6-6 闸首结构

主要施工方法:①根据设计图纸,闸首水平方向分三块底板,块与块之间设置1.5 m的施工宽缝。底板以上为边墩结构。②闸首按大体积混凝土施工,底板和边墩混凝土均采用水平分层法浇筑。边墩浇筑分层应根据闸首支护支撑的结构分层进行,边墩每施工一层,待混凝土强度达到设计强度后进行换撑,拆除当层支撑后,方可进行后续施工。③闸首施工采用塔吊加汽车吊进行起重作业,塔吊布置在闸首底板靠近护坦方向的中间格埂上,臂长76 m,兼顾左右边墩。④模板系统主要由钢模、型钢围檩、对拉(撑)螺杆、承插型盘扣式承重支架组成。输水廊道模板采用定型钢模板,在专业厂家制作;其他部位模板采用减少拼接次数的增大面积普通钢模板。

闸首施工安全管理重难点:闸首施工期间,塔吊安装、支架脚手架搭设与基坑支护支撑体系转换存在交叉作业,明确交叉作业各班组安全责任、各工序间协调组织关系是安全管理的重点。吊装作业、高处作业、交叉作业、动火作业等高风险作业种类多,如何减少和消灭"三违"现象、有效消除事故隐患是安全管理的难点。闸首大型模板块件大（10 m×7 m）、重量大,支架高度超过 20 m,固定加固要求精度高、安装风险大,如何有效控制闸首空箱廊道模板涨模变形、大型模板支撑安装风险是安全管理的难点。

### 4. 闸室施工

主要施工方法:①闸室底板分三块,底板以上为墙身,墙身分两次浇筑,第一次浇筑至护面钢板底部,第二次浇筑至闸室墙顶（闸室结构如图 1.6-7）。②底节墙身采用"移动模架混凝土墙体施工工法"（SYGF-1-022-2012）施工（闸室墙移动模架如图 1.6-8）。③护面钢板安装采用"船闸工程闸室墙钢板护面施工工法"（JSSJGF 2016-2-223）进行施工。根据条件选用移动模架或者"脚手架＋吊车"法施工。

闸室墙施工安全管理重难点:闸室墙大（小）型移动模架、模板的安装和拆除涉及起重吊装、高空作业等较大风险施工;钢板护面焊接和安装、支撑加固施工涉及切割焊接、高空作业、起重吊装等危险作业内容;浮式系船柱轨道施工临时脚手架工程安拆和作业风险较大。如何设计好施工安全技术措施、落实好施工安全管理措施是安全工作的重点。

图 1.6-7　闸室结构

图 1.6-8　闸室墙移动模架

## 5. 闸门制作及安装

闸门在专业厂家加工制作完成,分节段运输至现场进行焊接安装,在制定运输专项方案前应组织运输单位共同考察线路,并确定具体的路线,了解现场施工便道的限宽、限高、坡道坡度、转弯半径及路面压实度等。

闸门采用工地现场拼装,先安装顶、底枢及端柱,待端柱安装调整完成后,再进行门体的总拼装;亦可先安装顶、底枢,再进行门体的总拼装后,整体将门体移至旋转中心安装。

闸门制作及安装安全管理重难点:闸门作为大型异形构件,单元吊件重约 30 t,单元吊件不规则、体积大、重量重,起重吊装工作量大;现场组拼安装施工发生吊装设备失稳、闸门块件支垫不稳倾覆、未设上下安全通道、高空焊接人员无安全措施、气管气瓶使用存放不安全等安全隐患的几率高;启闭机及顶(底)枢施工涉及起重吊装、高空作业及动火作业等特殊作业,施工安全风险大。制定安全生产标准化管理流程、落实施工安全技术和管理措施、及时消除事故隐患是安全生产工作的重点。

### 6. 桥梁施工

本工程跨闸公路桥道路等级:城市主干路辅路,桥跨布置为 27.5 m+45 m+27.5 m+60 m+27.5 m,桥梁全长 194.78 m。其中跨一线船闸主桥为 45 m 简支钢箱梁,跨二线船闸主桥为 60 m 钢箱梁桥,引桥为 27.5 m 跨径装配式预应力砼组合箱梁桥。

桥梁总体施工顺序:桩基为嵌岩桩,上部黏土层采用旋挖钻,下部岩层更换为冲击钻成孔。圆墩柱采用定型钢模。盖梁采用支架法施工。

钢箱梁经专业加工,运至现场安装,采用支架顶推法安装(支架顶推流程如图1.6-9～图1.6-11)。钢箱梁安装后再安装组合箱梁。预制组合箱梁采用外购成品箱梁,现场桥梁两端的第一跨采用汽车吊吊装,一、二线船闸中间一跨采用架桥机架设。

图1.6-9 支架顶推流程(一)

图1.6-10 支架顶推流程(二)

图 1.6-11　支架顶推流程(三)

箱梁架设施工流程:架桥机组拼→架桥机检查、试运行→架桥机走行到待架孔位→预制梁运输、喂梁→天车起吊预制梁→测量放样、支座安装→天车吊梁纵移→架桥机横移、落梁精确就位。

桥梁施工安全管理重难点:本项目桥梁墩柱盖梁施工内容包含支架、脚手架工程,安全风险大,做好稳定性验算、地基处理和排水、材料质量、搭设质量、安全措施等检查验收工作,保证按方案实施是安全管理的重点;桥梁箱梁安装采用顶推施工、架桥机架设和起重机吊装三种方法,特种设备、关键设备种类多,安装场地布置受通航条件及附近高压杆线制约,工艺、环境因素复杂,如何做好设备安拆和使用的规范化管理、水上作业和交叉作业安全规划、人机站位安排、顶推施工着力点设置、起重吊装作业警戒维护和监护是安全管理的难点。

# 第二章

## 总体风险评估要求及方法

## 2.1 一般要求

满足下列条件之一的船闸工程,宜开展总体风险评估。

2.1.1 新建船闸工程:船闸级别Ⅲ级及以上或设计通航船舶1000吨级及以上;

2.1.2 改建、扩建船闸工程:船闸级别Ⅳ级及以上;

2.1.3 感潮区域船闸工程;山区河流船闸工程;设计水头大于或等于5 m的船闸工程;

2.1.4 环境复杂地区的船闸工程:台风频发区[近5年年平均正面遭受台风(红色预警)1次及以上或受台风影响(橙色预警)2次及以上];严寒地区(室外日平均气温连续5 d稳定低于5 ℃);

2.1.5 采用新结构、新材料、新技术、新工艺、新设备的船闸工程;

2.1.6 其他有必要开展施工安全风险评估的船闸工程。

## 2.2 专家调查法

2.2.1 采用专家调查法对船闸工程开展总体风险评估,应符合《公路水运工程施工安全风险评估指南 第1部分:总体要求》(JT/T 1375.1—2022)中5.2的要求。

2.2.2 评估小组应从工程特点、地质条件、气象水文条件、施工环境、资料完整性等项别对船闸工程施工安全风险作

出评估,评估步骤如下:

(1) 根据表 2.2-1,每位专家分别对每个项别给出风险等级评估分值($R_i$),$R_i$ 由高至低分别为 4 分、3 分、2 分、1 分;

(2) 根据表 2.2-2,每位专家分别对每个项别给出专家信心指数($W_i$);

(3) 按公式(1)计算出每位专家的评估结果($D_r$);

(4) 将 $D_r$ 累加再除以专家总数得出平均值,作为评估小组的评估结果,并按表 2.2-3 划分船闸工程施工安全总体风险等级。

表 2.2-1 专家调查要素

| 项别 | 调查要素 |
| --- | --- |
| 工程特点 ($R_1$) | 船闸级别、船闸线数、船闸级数、船闸最大设计水头、闸室结构类型、闸阀门及启闭机的种类、施工技术复杂性、施工工艺成熟度、同类项目建设管理经验等 |
| 地质条件 ($R_2$) | 地层岩性、土体类型、特殊地质、开挖体结构、地基渗透性、地质灾害 |
| 气象水文条件 ($R_3$) | 降水、台(突)风、雾、水位变幅、水流流速、冰冻、冰凌,河口地区还应考虑潮差和潮流 |
| 施工环境 ($R_4$) | 航道特性、通航情况、工程选址、工程施工场地周边妨碍物、场内外交通条件、施工导流方式、围堰工程、基坑开挖深度等 |
| 资料完整性 ($R_5$) | 水文、气象、地质资料,设计文件,既有建筑物竣工、加固等文件资料 |

表 2.2-2 专家信心指数

| 信心描述 | 对评估内容非常熟悉,对评估结果很有信心 | 对评估内容比较熟悉,对评估结果比较有信心 | 对评估内容有一定了解,对评估结果有一定信心 | 对评估内容不太了解,对评估结果基本没把握 |
| --- | --- | --- | --- | --- |
| 专家信心指数 | 0.9~1 | 0.7~0.9 | 0.4~0.7 | 0.1~0.4 |

$$D_r = \sum(W_i \times R_i) \sum W_i$$

式中：$R_i$ 为每个项别的风险等级评估分值（1~4）；$W_i$ 为每个项别的专家信心指数；$D_r$ 为每位专家的评估结果。

表 2.2-3　专家调查法施工安全总体风险分级标准

| $D_r$ | 风险等级 |
| --- | --- |
| $D_r \geqslant 3.5$ | 重大风险（Ⅳ） |
| $3.5 > D_r \geqslant 2.5$ | 较大风险（Ⅲ） |
| $2.5 > D_r \geqslant 1.5$ | 一般风险（Ⅱ） |
| $D_r < 1.5$ | 低风险（Ⅰ） |

## 2.3　指标体系法

2.3.1　总体安全风险评估。按照安全风险评估结果的量化程度，安全风险评估方法可分为定性安全评估方法和定量安全评估方法。本次评估主要参照《公路水运工程施工安全风险评估指南　第 7 部分：船闸工程》(JT/T 1375.7—2022)、《公路桥梁和隧道工程施工安全风险评估指南（试行）》（中华人民共和国交通运输部，2011 年 5 月）、《公路水运工程施工安全风险评估指南　第 6 部分：航道工程》(JT/T 1375.6—2022) 和《江苏省公路水运工程施工安全风险辨识评估管控指南（试行）》（江苏省交通运输厅，2002 年 7 月）中的方法，结合施工图设计文件、详勘报告等，以指标体系法为主线进行风险评估，综合运用指标体系法、预先危险性分析法、事故案例类比法等评估方法进行风险评估分析。

2.3.2 指标体系法。以"船闸工程总体风险评估指标体系"为基础,评估小组根据项目船闸工程特点,开展内部讨论,选取合适的评估指标组成本次船闸总体评估指标体系,并讨论确定指标重要性排序。根据工程特点、地质条件、气象水文条件、施工环境四项内容相关指标的重要性,赋予其权重分值。

2.3.3 权重系数确定。评估指标在工程施工安全风险中的重要性不同,应根据每个工程项目的具体情况,将各评估指标按重要性从高到低的顺序进行排序,采用权重系数对各评估指标重要性进行区分。本次评估根据《船闸工程指南》推荐的项目从业单位使用较为简单的重要性排序法计算权重系数,计算公式如下:

$$y=(2n-2m+1)/n^2$$

式中:$y$ 为权重系数;$n$ 为评估指标(重要指标)项数;$m$ 为重要性排序序号,$m \leqslant n$。

评估指标的重要性排序,由评估小组通过集体讨论等方式根据评估指标与事故发生可能性以及事故后果严重程度(优先考虑人员伤亡)的相关性进行确定。

2.3.4 风险等级。

施工安全总体风险大小计算公式为:

$$F_r = \sum X_{ij} = \sum R_{ij} r_{ij}$$

式中：$X_{ij}$ 为评估指标的分值，$i=1、2、3、4$，$j=1、2、3、\cdots、n$，$n$ 为对应第 $i$ 类项别包括的评估指标的数量；$R_{ij}$ 为评估指标的基本分值；$r_{ij}$ 为评估指标的权重系数。

计算得出 $F_r$ 值后，对照表 2.3-1 确定施工安全总体风险等级。

表 2.3-1　施工安全总体风险分级标准

| 风险等级 | $F_r$ |
| --- | --- |
| 等级Ⅳ（重大风险） | $F_r \geqslant 60$ |
| 等级Ⅲ（较大风险） | $50 \leqslant F_r < 60$ |
| 等级Ⅱ（一般风险） | $40 \leqslant F_r < 50$ |
| 等级Ⅰ（低风险） | $F_r < 40$ |

注：若出现 1 个或多个重要性指标（评估小组集体讨论确定）取最大值，应调高一个风险等级

### 2.3.5　桥梁工程施工安全总体风险评估

《公路水运工程施工安全风险评估指南　第 2 部分：桥梁工程》尚未正式发布，相关评估方法和分级标准暂由总体风险评估专家组根据项目实际情况研讨决策，上述规范文件正式发布后应参照执行。经专家研讨，本项目桥梁工程分新建和拆除 2 部分考虑评估方法和分级标准。

新建桥梁工程继续延用《公路桥梁和隧道工程施工安全风险评估指南（试行）》（中华人民共和国交通运输部，2011 年 5 月）相关方法，以建设规模、地质条件、气候环境条件、地形地貌、桥位特征及施工工艺成熟度 6 个评估指标建立总体风险评估指标体系。

桥梁工程施工安全总体风险大小计算公式为：

$$R = A_1 + A_2 + A_3 + A_4 + A_5 + A_6$$

式中：$A_1$ 为桥梁建设规模所赋分值；$A_2$ 为工程所处地质条件所赋分值；$A_3$ 为工程所处气候环境条件模所赋分值；$A_4$ 为工程所处地形地貌条件所赋分值；$A_5$ 为桥位特征所赋分值；$A_6$ 为施工工艺成熟度所赋分值。

代入数值计算总体风险分值后，对照表 2.3-2 判定新建桥梁总体风险等级。

表 2.3-2　桥梁工程施工安全总体风险分级标准

| 风险等级 | 计算分值 $R$ |
| --- | --- |
| 等级Ⅳ（重大风险） | 14 分以上 |
| 等级Ⅲ（较大风险） | 9～13 分 |
| 等级Ⅱ（一般风险） | 5～8 分 |
| 等级Ⅰ（低风险） | 0～4 分 |

老桥拆除工程施工安全受很多不确定因素的制约，风险评估指标选取遵循系统性、灵活性、实用性及综合性的原则，在参考设计、施工、安全等规范文献和充分开展专家咨询研讨的基础上，以拆除规模、气象水文条件、桥位特征、施工环境、施工工艺、桥梁状况等 6 类评估指标建立总体风险评估指标体系。权重系数计算方法同 2.3.3 节，施工安全总体风险计算方法同 2.3.4 节。总体风险分级标准参照《公路水运工程施工安全风险评估指南　第 2 部分：桥梁工程（征求意见稿）》，对照表 2.3-3 执行。

表 2.3-3  老桥拆除工程施工安全总体风险分级标准

| 风险等级 | 总体风险值 $F_r$ |
|---|---|
| 等级Ⅳ（重大风险） | $F_r > 60$ |
| 等级Ⅲ（较大风险） | $45 < F_r \leq 60$ |
| 等级Ⅱ（一般风险） | $30 < F_r \leq 45$ |
| 等级Ⅰ（低风险） | $F_r \leq 30$ |

## 2.4 总体风险评估成果

通过查看《谏壁一线船闸扩容改造工程施工安全总体风险评估报告》，具体评估结论如表 2.4-1 所示。

表 2.4-1  评估结论

| 序号 | 名称 | | 评估分值 | 风险等级 | 备注 |
|---|---|---|---|---|---|
| 1 | 船闸工程 | | 58.82 | Ⅲ（较大风险） | 指标体系法 |
| 2 | 老闸拆除 | | 57.5 | Ⅲ（较大风险） | 指标体系法 |
| 3 | 桥梁工程 | 跨闸公路桥 | 11 | Ⅲ（较大风险） | 指标体系法 |
| 4 | | 人行桥 | 11 | Ⅲ（较大风险） | 指标体系法 |
| 5 | 老桥拆除 | 公路桥 | 48.69 | Ⅲ（较大风险） | 指标体系法 |
| 6 | | 人行桥 | 35.92 | Ⅱ（一般风险） | 指标体系法 |
| 7 | 疏浚工程 | | 40.43 | Ⅱ（一般风险） | 指标体系法 |

# 第三章

专项风险评估

## 3.1 评估原则

在对风险点和各类危险源进行风险评估时,应结合自身可接受风险实际,制订事故(事件)发生的可能性、严重性、频次、风险值的取值标准和评估级别,进行风险评估。风险判定准则的制订应充分考虑以下要求:

①有关安全生产法律、法规;

②设计规范、技术标准;

③本单位的安全管理、技术标准;

④本单位的安全生产措施和目标等;

⑤相关方的投诉。

## 3.2 评估方法

宜选择风险矩阵法(LS)、作业条件危险性法(LEC)、风险程度法(MES)、经验法等方法对风险进行定性、定量评估,根据评估结果按从严从高的原则判定评估级别。

## 3.3 评估与分级

根据确定的评估方法与风险判定准则进行风险评估,判定风险等级。风险等级判定应遵循从严从高的原则;综合考虑职业病危害风险和生产安全事故风险,将辨识出的风险确定为重大、较大、一般和低四个等级,分别以红、橙、黄、蓝四种颜色标注。

## 3.4 评估结果

专项风险评估结果是在总体风险评估结论的基础上得出的，根据对项目工程设计文件、地质勘察报告、施工组织设计等资料的分析和对工程进行实际现场踏勘，考虑风险事件发生的可能性、后果严重程度等级，采用风险矩阵法等方法确定重大作业活动的施工安全风险等级，专项风险评估具体结果见表3.4-1。

表 3.4-1 专项风险评估结果

| 所属工程 | 重大作业活动 | 风险事件可能性等级 | 风险事件后果严重程度等级 | 风险大小 | 风险等级 |
|---|---|---|---|---|---|
| 船闸工程 | 临时围堰 | 4 | 3 | 较大 | Ⅲ |
|  | 基坑施工 | 4 | 3 | 较大 | Ⅲ |
|  | 船闸底板混凝土施工 | 4 | 3 | 较大 | Ⅲ |
|  | 船闸闸首混凝土施工 | 4 | 3 | 较大 | Ⅲ |
|  | 闸室墙底节墙身混凝土施工 | 4 | 3 | 较大 | Ⅲ |
|  | 闸室墙上节墙身混凝土施工 | 4 | 3 | 较大 | Ⅲ |
|  | 板桩施工 | 3 | 3 | 较大 | Ⅲ |
|  | 老闸拆除 | 4 | 3 | 较大 | Ⅲ |
| 跨闸公路桥 | 老桥T梁拆除 | 3 | 3 | 较大 | Ⅲ |
|  | 预应力砼预制组合箱梁安装（1、5联汽车吊） | 3 | 3 | 较大 | Ⅲ |
|  | 预应力砼预制组合箱梁安装（第3联架桥机） | 2 | 3 | 较大 | Ⅲ |
|  | 钢箱梁运输及安装（顶推） | 3 | 3 | 较大 | Ⅲ |
|  | 人行桥钢结构系杆拱吊装 | 3 | 3 | 较大 | Ⅲ |
| 闸门制作及安装 | 闸门厂内制作 | 2 | 2 | 一般 | Ⅱ |
|  | 闸门运输及安装 | 3 | 3 | 较大 | Ⅲ |

# 第四章

## 危险性较大的分部分项工程管理

## 4.1 危大工程管理要求

4.1.1 施工单位应依据《危险性较大的分部分项工程安全管理规定》(中华人民共和国住房和城乡建设部令第37号)(第四章内简称"本规定")和《住房城乡建设部办公厅关于实施〈危险性较大的分部分项工程安全管理规定〉有关问题的通知》(建办质〔2018〕31号),结合本项目风险辨识评估结果,确定本项目危险性较大的分部分项工程清单及专项施工方案编制计划,在施工前按计划组织工程技术人员编制专项施工方案。超过一定规模的危大工程,其专项施工方案必须组织专家进行论证。

4.1.2 危大工程专项施工方案必须落实专人负责管理。

4.1.3 专项施工方案实施前,施工单位施工前应开展安全生产条件自查工作,并填写"危险性较大的分部分项工程开工前安全生产条件核查表"报总监理工程师组织复核审批,并将审批结果报建设单位审核确认,未经批准不得开工。

4.1.4 专项施工方案编制人员或者项目技术负责人应当向施工现场管理人员进行方案交底。施工现场管理人员应当向作业人员进行安全技术交底,并由双方和项目专职安全生产管理人员共同签字确认。

4.1.5 监理单位应当结合危大工程专项施工方案编制监理实施细则,并对危大工程施工实施巡视检查。

4.1.6 监理单位应对专项施工方案实施情况进行现场监理;监理单位发现施工单位未按照专项施工方案施工的,应当要求其进行整改;情节严重的,应当要求其暂停施工,并及时报告建设单位。施工单位拒不整改或者不停止施工的,监理单位应当及时报告建设单位和工程所在地建设主管部门。

## 4.2　前期保障措施

4.2.1　建设单位应当依法提供真实、准确、完整的工程地质、水文地质和工程周边环境等资料。

4.2.2　勘察单位应当根据工程实际及工程周边环境资料,在勘察文件中说明地质条件可能造成的工程风险。设计单位应当在设计文件中注明涉及危大工程的重点部位和环节,提出保障工程周边环境安全和工程施工安全的意见,必要时进行专项设计。

4.2.3　建设单位应当组织勘察、设计等单位在施工招标文件中列出危大工程清单,要求施工单位在投标时补充完善危大工程清单并明确相应的安全管理措施。

4.2.4　建设单位应当按照施工合同约定及时支付危大工程施工技术措施费以及相应安全防护文明施工措施费,保障危大工程施工安全。

4.2.5　建设单位在申请办理安全监督手续时,应当提交危大工程清单及其安全管理措施等资料。

## 4.3　专项施工方案编制计划清单

专项施工方案编制计划清单见表 4.3-1。

表 4.3-1　专项施工方案编制计划清单

| 序号 | 专项方案名称 | 编制计划 | 编制要求 |
|---|---|---|---|
| 1 | 三场建设方案 | 标段开工前编制 | 参见表 4.4-1 |
| 2 | 临时用电施工组织设计 | 项目开工前编制 | |
| 3 | 通航安全保障方案 | 项目开工前编制 | |
| 4 | 交通组织方案 | 桥梁拆除前编制 | |
| 5 | 塔吊、桁吊安装拆除方案 | 安装前编制 | |
| 6 | 围堰专项施工方案 | 标段开工前编制 | |
| 7 | 基坑支护与开挖专项施工方案 | 根据施工计划编制 | |
| 8 | 老闸、老桥拆除专项施工方案 | 根据施工计划编制 | |
| 9 | 导航墙专项施工方案 | 根据施工计划编制 | |
| 10 | 闸首专项施工方案 | 根据施工计划编制 | |
| 11 | 闸室墙专项施工方案（上下节） | 根据施工计划编制 | |
| 12 | 灌注桩专项施工方案 | 根据施工计划编制 | |
| 13 | 配电房专项施工方案 | 根据施工计划编制 | |
| 14 | 人行桥专项施工方案 | 根据施工计划编制 | |
| 15 | 公路桥下部结构专项施工方案 | 根据施工计划编制 | |
| 16 | 公路桥组合箱梁预制安装专项施工方案 | 根据施工计划编制 | |
| 17 | 公路桥钢箱梁制作安装专项施工方案 | 根据施工计划编制 | |
| 18 | 闸门制作及安装专项施工方案 | 闸门制作前编制 | |

## 4.4　专项施工方案编制要求

危险性较大的分部分项工程专项施工方案编制，应按照表 4.4-1 明确的编制内容及注意事项进行编制。

安全风险管控指南——船闸扩容改造工程工程

表 4.4-1 危大工程专项方案编制要求一览表

| 序号 | 危大工程名称 | 专项施工方案编制的主要内容 | 注意事项 |
|---|---|---|---|
| 1 | 基坑工程 | 一、工程概况<br>1. 基坑工程概况和特点：<br>(1) 工程基本情况：基坑周长、面积、开挖深度、基坑支护设计安全等级、基坑设计使用年限等。(2) 工程地质情况：地形地貌、地层特性、不良地质作用和地质灾害、特殊性岩土等情况。(3) 工程水文地质情况、地表水、地下水、地层渗透性与地下水补排泄等情况。(4) 施工场地的气候特征和季节性天气。(5) 主要工程量清单。<br>2. 周边环境条件：<br>(1) 邻近建(构)筑物、道路及地下管线与基坑工程的位置关系。(2) 邻近建(构)筑物的工程重要性、层数、结构形式、基础形式、基础埋深、桩基持强体形式、桩长等设计参数，建设及竣工时间、结构完好情况及使用现状。(3) 邻近道路的重要性、道路等级、使用情况、使用要求、路基宽度、埋置深度、规格、消防等注邻的平面关系及尺寸、条件复杂时、还应画剖面图示标注切线情况。(5) 环境平面图应标注与工程之间的平面关系及尺寸、管线的用途、材质、管径尺寸、埋深等。(6) 临近河湖、剖面图、管线、水坝位置、应查阅历史资料、明确汛期水位高度，并分析对基坑可能产生的影响。(7) 相邻区域内正在施工或使用的基坑工程及其对施工作业设备的限高、限接距离的情况。<br>3. 基坑支护、地下水控制及土方开挖设计 (包括基坑支护平面、剖面布置、施工降水、帷幕隔水、土方开挖方式及布置、土方开挖与加撑的关系)。<br>4. 施工平面布置：基坑围护结构施工及土方开挖时的施工总平面布置 (含临水、临电、安全文明施工现场要求及危大工程标识等) 及说明，基坑周边使用条件。<br>5. 施工要求：明确质量安全目标要求、工期要求 (本工程开工日期、计划竣工日期)、基坑工程计划开工日期、计划完工日期。<br>6. 危险辨识与分级：风险因素辨识及基坑安全风险预控保障措施。 | 1. 本工程基坑属于深大基坑，要求必须聘请有资质的第三方单位进行边坡稳定性验算。<br>2. 基坑方案必须邀请质量、安全方面的专家进行论证。<br>3. 基坑方案必须明确要有第三方监测单位进行沉降位移监控监测的要求、制定监控监测方案。<br>4. 基坑支护结构的稳定性及经常第三方机构受力验算。<br>5. 基坑周边有结构物较多、注意桥梁墩台合同能发生位移对基坑边坡稳定的影响。<br>6. 基坑降排水措施须重点考虑。 |

续表

| 序号 | 危大工程名称 | 专项施工方案编制的主要内容 | 注意事项 |
|---|---|---|---|
| 1 | 基坑工程 | 一、参建各方责任主体单位。<br>二、编制依据<br>1. 法律依据:基坑工程所依据的相关法律、法规、规范性文件、标准、规范等。2. 项目文件:施工合同(施工承包模式)、勘察文件、基坑设计施工图纸、现状地形及影响范围管线探测或查询资料、相关设计文件、地质灾害危险性评价报告、业主相关规定、管线图等。3. 施工组织设计等。<br>三、施工计划<br>1. 施工进度计划:基坑工程的施工进度安排,具体到各分项工程的进度安排。2. 材料与设备计划等:机械设备配置、主要材料及同转材料需求计划、主要材料科技入计划、力学性能复取样复试要求及取详细要求、试验计划。3. 劳动力计划。<br>四、施工工艺技术<br>1. 技术参数:支护结构施工、降水、帷幕、关键设备等工艺技术参数。2. 工艺流程:基坑工程总的施工工艺流程和分项工程工艺流程。3. 施工方法及操作要求:基坑工程施工前准备、地下水控制、支护施工、土方开挖等工艺流程、要点、常见问题及预防、处理措施。4. 检查要求:基坑工程所用的材料进场质量检查、抽检、基坑施工过程中各工序检查内容及检验标准。<br>五、施工保证措施<br>1. 组织保障措施:安全组织机构、安全保证体系及相应人员安全职责等。2. 技术措施:安全保证措施、质量技术保证措施、文明施工保证措施、环境保护措施、季节性施工保证措施等。3. 监测监控措施:监测组织机构、监测范围、监测项目、监测方法、监测频率、预警值及控制值、巡视检查、信息反馈、监测点布置图等。<br>六、施工管理及作业人员配备和分工<br>1. 施工管理人员:管理人员名单及岗位职责(如项目负责人、项目技术负责人、施工员、质量员、各班组长等)。2. 专职安全人员:专职安全生产管理人员名单及岗位职责。3. 特种作业人员:特种作业人员持证人员名单及岗位职责。4. 其他作业人员:其他人员名单及岗位职责。 | |

第四章 危险性较大的分部分项工程管理

续表

| 序号 | 危大工程名称 | 专项施工方案编制的主要内容 | 注意事项 |
|---|---|---|---|
| 1 | 基坑工程 | 七、验收要求<br>1. 验收标准：根据施工工艺明确相关验收标准及验收条件。2. 验收程序及人员：具体验收程序、确定验收人员组成（建设、勘察、设计、施工、监理、监测等单位相关负责人）。3. 验收内容：基坑开挖至基底且变形相对稳定后基坑顶底（底）排水措施和基坑侧壁完整性、坡顶（底）排水措施和基坑侧壁完整性。<br>八、应急处置措施<br>1. 应急处置领导小组组成与职责、应急救援小组成员职责，包括抢险、安保、后勤、医救、善后、应急救援工作流程、联系方式等。2. 应急事件重大隐患和事故及其应急措施。3. 周边建（构）筑物、道路、地下管线等产权单位各方联系方式（名称、电话、联系线）、救援医院信息（名称、电话、救援线路）。4. 应急物资准备。<br>九、计算书及相关施工图纸<br>1. 基坑设计计算书（如基坑周边环境平面图、监测点平面图，此附作可略）。2. 相关施工图纸：施工总平面布置图、基坑周边环境平面图、监测点平面图、基坑土方开挖示意图、基坑施工顺序示意图、基坑马道验收尾示意图等。 | |
| 2 | 围堰工程 | 1. 工程概况：围堰工程概况，水文地质条件，施工平面布置及施工要求和技术保证条件。<br>2. 编制依据：相关法律法规、规范性文件、标准、规范及图纸集（国标图集）施工组织设计等。<br>3. 围堰施工影响安全的危险源分析及安全预防保障措施。<br>4. 围堰结构设计计算书和设计计算书和设计施工图等设计文件。<br>5. 施工准备：包括施工进度计划、材料与施工机设备计划。<br>6. 施工部署：包括技术参数、工艺流程、施工方法、施工工艺、施工技术要点。<br>7. 施工计划：组织管理机构、专职安全生产管理人员、特种作业人员名单等资格要求。<br>8. 施工控制：质量安全检查验收标准及内容、安全评价、安全管理措施。<br>9. 应急预案及处置措施。 | 1. 围堰专项方案要附有资质第三方单位的安全稳定性计算书。<br>2. 制定围堰变形结构沉降监测方案、邀请第三方单位对围堰变形情况进行监控。<br>3. 应明确围堰压实控制标准及要求。<br>4. 围堰防撞措施及要求须表达清楚。<br>5. 围堰内水体抽排步骤及变形观测措施须在方案中阐述。 |

安全风险管控指南——葛洲坝一线船闸扩容改造工程

续表

| 序号 | 危大工程名称 | 专项施工方案编制的主要内容 | 注意事项 |
|---|---|---|---|
| 3 | 闸首工程 | 1. 工程概况：<br>(1) 闸首工程结构设计的基本情况、结构设计技术指标数据及主要工程量概况。<br>(2) 水文地质条件简图。<br>(3) 闸首结构施工平面布置图。<br>(4) 施工要求：明确质量安全目标要求、工期要求（本工程开工日期、计划竣工日期）、模板支撑体系工程搭设日期及拆除日期。<br>(5) 技术保证条件：技术准备、技术交底、现场准备。<br>2. 编制依据：<br>(1) 法律依据：闸首工程所依据的相关法律、法规、规范性文件、标准、规范等。<br>(2) 项目文件：施工合同、勘察文件、施工图纸及施工组织设计等。<br>3. 闸首施工影响安全的危险源分析及安全预防保障措施。<br>4. 闸首施工支架、脚手架搭设设计计算书和设计施工图等设计文件，闸首塔吊安装基础受力计算文件。<br>5. 施工准备：包括施工进度计划、材料与机械设备计划。<br>6. 施工部署：包括技术参数、工艺流程、施工方法、施工技术要点。<br>7. 人员计划：组织管理机构人员、专职安全生产管理人员、特种作业人员名单等资格要求。<br>8. 施工控制：质量安全检查验收标准及内容、安全评价、预警观测措施。<br>9. 应急预案及处置措施。 | 1. 闸首基坑支护体系的转换操作方法应明确。<br>2. 闸首施工涉及塔吊吊装、塔吊安装拆除方案须制定。<br>3. 闸首施工涉及支架、脚手架工程，须编制专项施工方案。<br>4. 方案中须明确塔吊、支架和脚手架的检查验收标准、内容、组织和参加人员级别等要求。 |

第四章 危险性较大的分部分项工程管理

045

续表

| 序号 | 危大工程名称 | 专项施工方案编制的主要内容 | 注意事项 |
|---|---|---|---|
| 4 | 闸室施工 | 1. 工程概况：<br>(1) 闸室工程结构设计的基本情况、结构设计技术指标数据及主要工程量概况。<br>(2) 水文地质条件说明。<br>(3) 闸室结构施工平面布置图。<br>(4) 施工要求：明确质量安全目标要求（本工程开工日期、计划竣工日期）、模板支撑体系工程搭设日期及拆除日期。<br>(5) 技术保证条件：技术准备、技术交底、现场准备。<br>2. 编制依据：<br>(1) 法律依据：闸首工程及模板支撑体系工程所依据的相关法律、法规、规范性文件、标准、规范等。<br>(2) 项目文件：施工合同、勘察文件、施工图纸及施工组织设计。<br>3. 闸室施工影响安全的危险源分析及安全预防保障措施。<br>4. 闸室施工大小移动模架、模板设计计算书和设计施工图等设计文件。<br>5. 施工准备：包括施工进度计划、材料与机械设备计划。<br>6. 施工部署：包括技术参数、工艺流程、施工方法、施工技术要点。<br>7. 人员计划：组织管理机构人员、专职安全生产管理人员、特种作业人员名单等资格要求。<br>8. 施工控制：质量安全检查验收标准及内容、安全评价、质警观测措施。<br>9. 应急预案及处置措施。 | 1. 闸室基坑支护体系转换的操作方法须说明确。<br>2. 闸室工程施工涉及的大（小）移动模架、模板的设计及受力计算内容须与实际情况保持一致。 |
| 5 | 边通航边施工 | 1. 工程概况：包括项目名称、地点、规模、建设单位、业主单位、施工单位等。<br>2. 施工内容：包括与通航（水上交通安全）有关的施工水域、工艺、进度、施工作业船舶、设施及其他调研等方式等。<br>3. 通航环境：包括水域环境、水文气象等自然环境、港口环境以及其他与水上交通安全有关的交通条件等。 | 1. 编制施工通航安全保障方案前，应采用现场踏勘、实地调研等方式充分了解实际情况，必要时，应与海事、航道等主管部门取得联系。 |

续表

| 序号 | 危大工程名称 | 专项施工方案编制的主要内容 | 注意事项 |
|---|---|---|---|
| 5 | 边通航边施工 | 4. 通航安全风险分析：包括施工作业碍航任分析、安全作业条件分析、施工水域范围合理性分析、水上交通秩序影响分析等。<br>5. 通航安全保障措施：包括不同施工阶段的交通组织、通信联络方式、航道航路调整、安全警示标志设置、必要的安全设施或者警戒船舶配备等方面的要求。<br>6. 应急预案：包括针对施工中可能发生突发性事件的应急组织机构、设备配备、响应措施等。 | 2. 要分析研究基坑围堰和桥梁施工对通航安全的影响及相关控制措施。<br>3. 须明确应管理的相关措施和要求。 |
| 6 | 临时用电组织设计 | 1. 工程概况、编制依据、现场勘探调查。<br>2. 确定电源进线、变电所、配电室、总配电箱、分配电箱等的位置及线路走向。<br>3. 进行负荷计算。<br>4. 选择变压器容量、导线截面和电器的类型、规格。<br>5. 绘制电气平面图、立面图和接线系统图。<br>6. 制定安全用电技术措施和电气防火措施。<br>7. 落实用电管理责任、明确临时用电管理人员及职责。<br>8. 制定配电器火灾、触电等事故应急救援预案，明确应急救援的程序、人员职责、处置措施及物资等。<br>9. 临时用电检查验收标准及验收内容。 | 1. 动力线路和照明线路应分开设计。<br>2. 必须遵循三级配电两级保护原则。<br>3. 临时用电组织设计应当由电气工程师编制。 |

第四章 危险性较大的分部分项工程管理

续表

| 序号 | 危大工程名称 | 专项施工方案编制的主要内容 | 注意事项 |
|---|---|---|---|
| 7 | 交通组织方案 | 1. 工程概况：工程概况、水文地质条件、施工交通平面布置、施工交通管制方面的相关法律、法规、规范性文件（国标图集）施工组织设计等。<br>2. 编制依据：有关水陆交通管制方面的相关法律、法规、规范性文件（国标图集）施工组织设计等。<br>3. 封航断路施工影响安全的风险源分析及安全预防保障措施。<br>4. 封航、断路施工对水陆交通及车船通行流量影响数量计算、设计计算分流疏导流量及交通分流疏导设计图等文件。<br>5. 施工准备：包括施工进度计划、材料设备需求计划。<br>6. 施工部署：包括封航封路操作流程、方法、施工管理要点。<br>7. 人员计划：组织管理机构人员、断航封路期间值班守人员安排、专职安全生产管理人员、特种作业人员名单及资格要求。<br>8. 交通组织控制：水陆交通安全检查验收标准内容、预警措施。<br>9. 应急预案及处置措施。 | 1. 老公路桥和人行桥拆除期同保障通航安全及道路通行安全的措施应详细说明，并绘制现场布置图。<br>2. 水陆交通管制期间的应急值守值班人员安排须列表说明。<br>3. 道路及助航灯警示灯牌设置情况要以图表形式表达，并配文说明。<br>4. 特殊情况下的应急措施应在方案中明确。 |

续表

| 序号 | 危大工程名称 | 专项施工方案编制的主要内容 | 注意事项 |
|---|---|---|---|
| 8 | 闸门制作及安装 | 一、工程概况<br>1. 项目概况：<br>(1) 本工程闸门制作安装工程概况。<br>(2) 工程所在位置、场地及其周边环境[包括邻近建（构）筑物、道路及地下地上管线、高压线路、基坑位置关系]。<br>(3) 邻近建（构）筑物、道路运输及维修等情况。<br>(4) 施工地的气候特征和季节性天气。<br>2. 施工平面布置：<br>(1) 施工总体平面布置：临时用施工道路及材料堆放场布置、临时用电、起重机械配置、安装拆卸施工场地等。<br>(2) 地下管线有关情况。<br>(3) 道路的交通负载。<br>3. 施工要求、质量安全目标要求、工期要求(本工程开工日期和计划竣工日期)、闸门制作安装施工计划开工日期、计划完工日期。<br>4. 风险辨识与分级：明确因素辨识及闸门制作安装工程安全风险预防保障措施。<br>5. 参建各方责任主体单位。<br>二、编制依据<br>1. 法律依据：闸门制作及安装工程所依据的相关法律、法规、规章、规范性文件、标准、规范等。<br>2. 项目文件：施工图设计文件、合同文件等。<br>3. 施工计划<br>三、施工组织设计等。<br>1. 施工进度计划：闸门制作及安装施工进度安排。<br>2. 材料与设备计划：闸门制作及安装工程选用的材料、机械设备、劳动力等进出场明细表。<br>3. 劳动力计划。 | 1. 闸门出厂运输及安装应有详细的方案，落实道路通行条件要求，并经过论证审查。<br>2. 闸门结构块件大、重量大，吊点位置选择及钢丝绳、卡扣、起重设备选型等须经计算确定，应有具体的计算书。<br>3. 吊装设备基础的承载力应经计算和复核验算。 |

第四章　危险性较大的分部分项工程管理

049

续表

| 序号 | 危大工程名称 | 专项施工方案编制的主要内容 | 注意事项 |
|---|---|---|---|
| 8 | 闸门制作及安装 | 四、施工工艺技术<br>1. 技术参数：闸门制作安装工程所用材料、规格、支撑形式等技术参数，起重吊装及安装设备设施的名称、型号、出厂时间、性能、自重等；被吊物数量、起重量、起升高度、组件的吊点、尺寸，就位位置等性能参数。<br>2. 工艺流程：闸门制作及安装施工工艺流程图、制作安装程序与步骤、运输路径图、设备运输顺序排布。<br>3. 施工方法：闸门制作方法、吊装方法、吊装机械吊具表（垂直、水平、翻转、递吊）、机械设备、材料的使用、吊装过程中的操作方法、吊装作业后的材料拆除方法等。<br>4. 操作要求：闸门安装过程中临时限位措施、稳固措施、涉及临时支撑的，应有相应的施工工艺要求。<br>5. 安全检查要求：内容包括但不限于施工机具器与方案适用方案的符合性、起重设备安全性能和现场进场手续的合规性、钢丝绳和地锚等工具器与方案适用要求的符合性、作业环境的安全性、作业人员数量和资格符合要求、起重作业、高处作业、构件堆放、警戒监护等安全措施齐全规范。<br>五、施工保证措施<br>1. 组织保障措施：安全组织机构、安全保证体系及人员安全职责等。<br>2. 技术措施、安全保证措施、质量技术保证措施、文明施工保证措施、环境保护措施、季节性及防台风施工保证措施。<br>六、监测监控措施：监测点的设置、监测仪器、设备和人员的配备、监测方式、方法、频率、信息反馈等。<br>七、施工管理及作业人员配备和分工<br>1. 施工管理人员：管理人员名单及岗位职责（如项目负责人、项目技术负责人、施工员、质量员、各班组长等）。<br>2. 专职安全人员：专职安全生产管理人员名单及岗位职责。<br>3. 特种作业人员：特种作业人员持证人员名单及岗位职责。<br>4. 其他作业人员：其他作业人员名单及岗位职责。 | |

续表

| 序号 | 危大工程名称 | 专项施工方案编制的主要内容 | 注意事项 |
|---|---|---|---|
| 8 | 闸门制作及安装 | 七、验收要求<br>1. 验收标准：起重设备设施安装、过程中各工序、节点的验收标准和验收条件。<br>2. 验收程序及人员：作业中起吊、运行、安装前后等措施验收流程（可用图表示）；确定验收人员组成（建设、设计、施工、监理、监测等单位相关负责人）。<br>3. 验收内容：进场材料、机械设备、设施验收标准及验收表、吊装作业全过程安全技术控制的关键环节、基础承载力满足要求、起重性能符合吊、索、卡、具完好、焊缝强度满足设计要求、吊运轨迹正确、信号指挥方式确定。<br>八、应急处置措施<br>1. 应急处置领导小组、应急救援小组组成与职责，包括抢险、安保、后勤、善后、应急救援工作流程、联系方式等。<br>2. 应急事件（重大隐患和事故）及其应急措施。<br>3. 周边建（构）筑物、道路、地下管线等周边的产权单位各方联系方式、救援医院信息（名称、电话、救援线路）。<br>4. 应急物资准备。<br>九、计算书及相关施工图纸<br>(1) 支承面承载能力的验算。<br>移动式起重机（包括汽车式起重机、折臂式起重机等系列入《特种设备目录》中的移动式起重设备和流动式起重机）要求进行地基承载力的验算；吊装高度较高且地基变形较弱时，直接进行地基变形验算。设备位于边坡附近时，应进行边坡稳定性验算。<br>(2) 辅助起重设备起重能力的验算<br>垂直起重工程：应根据辅助起重设备跨位置、吊装构件重量和几何尺寸，以及起吊幅度、就位幅度、起升高度、校核起升高度、起重能力，以及起吊物是否与起重臂自身干涉，还有起重全过程中与既有建（构）筑物的安全距离。 | |

第四章 危险性较大的分部分项工程管理

051

续表

| 序号 | 危大工程名称 | 专项施工方案编制的主要内容 | 注意事项 |
|---|---|---|---|
| 8 | 闸门制作及安装 | 水平起重工程，应根据坡度和支承面的实际情况，校核动力设备引力，提供水平支撑反力的结构承载能力。<br>联合起重工程，应充分考虑起重不同步造成的影响，应适当在额定起重性能的基础上进行折减。<br>室外起重作业，起升高度很高、且被吊物尺寸较大时，应考虑风荷载的影响。<br>自制起重设备设施，应提升商度很高、且被吊物尺寸较大时，应考虑风荷载的影响。<br>自制起重设备设施，应具备完整的计算书，各项荷载的分项系数应符合《起重机设计规范》(GB/T 3811—2008)的规定。<br>(3) 吊索具的验算<br>根据吊索、吊具的种类和起重变形式建立受力模型，对吊索、吊具进行验算，选择适合的吊索具。应注意被吊物翻身时，吊索具的受力变化。<br>自制吊具，如平衡梁等，应具有完整的计算书，根据需要校其局部和整体的强度、刚度、稳定性。<br>(4) 被吊物受力验算<br>吊、铰、吊、捆等不同系挂工艺、吊链、钢丝绳吊索、吊带等不同吊索种类，对被吊物受力产生不同的影响。应根据实际情况分析被吊物的实际受力状态，保证被吊物安全。<br>吊耳的验算，应根据吊耳的实际受力状态。具体尺寸和焊缝形式校核其各部位强度。尤其注意被吊物需要翻身时的情况，应注意起重全过程中吊耳的受力状态可能产生变化。<br>(5) 临时固定措施的验算<br>对尚未处于稳定状态的被安装设备或结构，其地锚、缆风绳、临时支撑措施等，应考虑正常状态下向危险方向倾斜不小于5°时的受力，在室外施工的，应叠加同方向的风荷载。<br>(6) 其他验算<br>相关施工图纸，施工总平面布置图及说明，平面图、立面图应注明闸门制作安装设备设施与邻近建(构)筑物、道路及地下管线、高压线路之间的平、立面关系及相关形，位尺寸（条件复杂时，应附剖面图）。 | |

续表

| 序号 | 危大工程名称 | 专项施工方案编制的主要内容 | 注意事项 |
|---|---|---|---|
| 9 | 箱梁制作安装 | 一、工程概况<br>1. 项目概况:<br>本工程人行桥,跨同公路桥工程概况及箱梁工程设计情况。<br>(1)工程所在位置、场地及其周边环境(包括新建(构)筑物、道路及地下地上管线、高压线路、基坑的位置关系)、箱梁构件的运输及堆场情况等。<br>(2)邻近已建(构)筑物、道路等情况。<br>(3)施工地的气候特征和季节性天气。<br>2. 施工平面布置:<br>(1)本工程总体平面布置:临时施工道路及材料堆放布置、临时用电、起重机械配置、起重机(梁桥机、顶推设备)安装拆卸施工场地等。<br>(2)地下管线有关情况。<br>(3)道路的交通负荷。<br>3. 施工要求:明确质量安全目标要求、工期要求(本工程开工日期和计划竣工日期)、箱梁制作安装工程计划开工日期、计划完工日期。<br>4. 风险辨识与分级:风险因素辨识及箱梁制作安装工程安全风险分级。<br>5. 参建各方责任主体单位。<br>二、编制依据<br>1. 法律依据:箱梁制作及安装工程依据的相关法律、法规、规范性文件、标准、规范等。<br>2. 项目文件:施工图设计文件、合同文件等。<br>3. 施工组织设计等。<br>三、施工计划<br>1. 施工进度计划:箱梁制作、箱梁安装施工进度安排。<br>2. 材料与设备计划:箱梁制作及安装工程选用的材料、机械设备、劳动力等进出场明细表。<br>3. 劳动力计划。 | 1. 箱梁吊运安装的吊点须经专门设计和计算,绘图说明确位置、配套说明方法和材质要求。置方法和材质要求。<br>2. 架及起重机、顶推设备及起重机操作流程、拆卸操作流程、临时固定措施及检查说收内容要重点说明。<br>3. 起重设备地基承力情况应有计算,验算及验收要求。 |

第四章 危险性较大的分部分项工程管理

续表

| 序号 | 危大工程名称 | 专项施工方案编制的主要内容 | 注意事项 |
|---|---|---|---|
| 9 | 箱梁制作安装 | 四、施工工艺技术<br>1. 技术参数：箱梁制作安装工程的所用材料、规格、支撑形式等技术参数、起重吊装及安装设备设施的名称、型号、出厂时间、性能、自重等、被吊物数量、起重量、组件的吊点、尺寸、就位位置等性能参数。<br>2. 工艺流程：箱梁制作及安装工程施工工艺流程图、制作安装程序与步骤、运输路径图、设备运输顺序排布。<br>3. 施工方法、机械设备、材料的使用、吊装过程中的操作方法、架桥机作业、起重机吊装（垂直、水平、翻转、递吊）及顶推作业的吊装及安装、吊装安装拆卸过程中临时稳固、稳定措施、涉及临时支撑的、应有相应的施工工艺、吊装及操作的有关操作具体要求、运输、摆放、胎架、拼装、吊运、安装、拆卸的工艺要求。<br>4. 操作要求：吊装安装拆卸过程主要材料、机械设备进场质量检查、抽检、试吊作业方案及试吊作业前对照。<br>5. 安全检查要求：制作安装工序、工艺、工法安全检查内容等。<br>专项施工方案有关工序、工艺、工法安全检查内容等。<br>五、施工保证措施<br>1. 组织保障措施：安全组织机构、安全保证体系及人员安全职责等。<br>2. 技术措施：安全技术保证措施、质量技术保证措施、文明施工保证措施、环境保护措施、季节性及防台风施工保证措施等。<br>3. 监测监控措施：监测点的设置、监测仪器、设备和人员的配备、监测方式、方法、频率、信息反馈等。<br>六、施工管理及作业人员配备和分工<br>1. 施工管理人员：管理人员名单及岗位职责（如项目负责人、项目技术负责人、施工员、质量员、各专职组长等）。<br>2. 专职安全人员：专职安全生产管理人员名单及岗位职责。<br>3. 特种作业人员：机械设备操作人员持证人员名单及岗位职责。<br>4. 其他作业人员：其他人员名单及岗位职责。 | |

安全风险管控指南 — 谏壁一线船闸扩容改造工程

054

续表

| 序号 | 危大工程名称 | 专项施工方案编制的主要内容 | 注意事项 |
|---|---|---|---|
| 9 | 箱梁制作安装 | 七、验收要求<br>1. 验收标准：梁桥机、顶推设备及起重设备、设施安装、过程中各工序、节点的验收标准和验收条件。<br>2. 验收程序及人员：作业中起吊、运行、安装的设备与被吊物的设备与验收前期验收、过程监控（测）措施验收等流程（可用图、表表示）；确定验收人员组成（建议 设计、施工、监理、监测等单位相关负责人）。<br>3. 验收内容：进场材料、机械设备、设施验收标准及验收表、吊装与拆卸作业全过程安全技术控制的关键环节、基础承载力满足要求、起重性能符合、吊、索、卡、具完好、被吊物重心确认、焊缝强度满足设计要求、吊运、顶推轨迹正确、信号指挥方式确定。<br>八、应急处置措施<br>1. 应急处置领导小组组成与职责，应急救援小组成员与职责，包括抢险、安保、后勤、医救、善后、应急救援工作流程、联系方式等。<br>2. 应急事件（重大隐患和事故）及其应急措施。<br>3. 周边建（构）筑物、道路、地下管线等的产权单位各方联系方式、救援医院信息（名称、电话、救援线路）。<br>4. 应急物资准备。<br>九、计算书及相关施工图纸<br>1. 计算书：<br>(1) 支承面承载能力的验算<br>移动式起重机要求进行地基承载力的验算；吊装高度较高且地基较弱时，宜进行地基变形验算。设备位于边坡附近，应进行边坡稳定性验算。<br>(2) 辅助起重设备起重能力的验算<br>垂直起重工程，应根据辅助起重设备站位图、吊装构件重量和几何尺寸、以及起吊幅度、就位幅度、起吊高度，校核起升高度、起重能力、起重臂自身干涉、以及被吊物是否与起重臂全过程中与既有建（构）筑物的安全距离。| |

第四章　危险性较大的分部分项工程管理

055

续表

| 序号 | 危大工程名称 | 专项施工方案编制的主要内容 | 注意事项 |
|---|---|---|---|
| 9 | 箱梁制作安装 | 水平起重工程，应根据坡度和支承面的实际情况，校核动力设备的牵引力，提供水平支撑反力的结构承载能力。<br>联合起重工程，应充分考虑起重不同步造成的影响，应注意在额定起重性能的基础上进行折减。<br>室外起重作业，起升高度很高，且被吊物尺寸较大时，应考虑风荷载的影响。<br>自制起重设备设施，应具备完整的计算书，各项荷载的分项系数应符合《起重机设计规范》(GB/T 3811—2008)的规定。<br>(3)吊索具的验算<br>根据吊索、吊具的种类和起重形式建立受力模型，对吊索、吊具进行验算，选择适合的吊索具。<br>注意被吊物翻身时，吊索具的受力会产生变化。<br>自制吊具，如平衡梁等，应具有完整的计算书。根据需要校核其局部和整体的强度、刚度、稳定性。<br>(4)被吊物受力验算<br>吊、锁、吊、捆等不同系挂工艺，吊链、钢丝绳吊索、吊带等不同吊索种类，吊带尺寸和楔形式校核其各部位强度。尤其注意被吊耳的验算。应根据实际情况分析被吊物的实际受力状态，保证被吊物安全。<br>吊物需要翻身的情况，应关注在起重全过程中吊耳的受力状态可能产生变化。<br>大型网架，大高宽比的T梁，大长细比的被吊物，薄壁构件等，没有设置专用吊耳的，起重过程被挂方式与其就位后的工作状态有较大区别，应关注并校核起重各个状态下整体和局部的强度、刚度和稳定性。<br>(5)临时固定措施的验算<br>对尚未处于稳定状态的被安装设备或结构、其他结、缆风绳、临时支撑措施等，应考虑正常状态下向危险方向倾斜不少于5°时的受力，在室外施工的，应叠加同方向的风荷载。 | |

续表

| 序号 | 危大工程名称 | 专项施工方案编制的主要内容 | 注意事项 |
|---|---|---|---|
| 9 | 箱梁制作安装 | (6)其他验算<br>塔机附着,应对整个附着受力体系进行验算,包括附着点强度、附墙耳板各部位的强度、穿墙螺栓、附着杆强度和稳定性、销轴和调节螺栓等。<br>缆索式起重机、悬臂式起重机、桥式起重机、门式起重机、施工升降机等起重机械安装工程,应附完整的基础设计。<br>2. 相关施工图纸:<br>施工总平面布置及说明、平面图、立面图、立面图应标注明箱梁制作安装设备设施与邻近建(构)筑物、道路及地下管线、基坑、高压线路之间的平、立面关系及相关形、位尺寸(条件复杂时,应附剖面图)。 | |

# 第四章 危险性较大的分部分项工程管理

057

## 4.5 专项施工方案编制、审查、论证

4.5.1 施工单位应当在工程开工前提交拟编制的专项施工方案编制计划并报备,并根据编制计划提前组织工程技术人员编制专项施工方案。实行施工总承包的,专项施工方案应当由施工总承包单位组织编制。危大工程实行分包的,专项施工方案可以由相关专业分包单位组织编制。

4.5.2 专项施工方案应当由施工单位技术负责人审核签字、加盖单位公章,并由总监理工程师审查签字、加盖执业印章后方可实施。涉及第三方进行结构验算的方案,有关单位提交验算报告的同时,第三方应提交单位和验算者有效资质扫描件。

4.5.3 危大工程实行分包并由分包单位编制专项施工方案的,专项施工方案应当由总承包单位技术负责人及分包单位技术负责人共同审核签字并加盖单位公章。

4.5.4 对于超过一定规模的危大工程,施工单位应当组织召开专家论证会对专项施工方案进行论证。实行施工总承包的,由施工总承包单位组织召开专家论证会。专家论证前专项施工方案应当通过施工单位审核和总监理工程师审查。

4.5.5 专项施工方案专家论证会的参会人员应当包括:

(一)危大工程所涉专业的专家:专家应当从地方人民政府住房城乡建设主管部门建立的专家库中选取,符合专业要求且人数不得少于5名(其中2人为安全技术管理专家),与本工

程有利害关系的人员不得以专家身份参加专家论证会；

（二）建设单位项目负责人；

（三）有关勘察、设计单位项目技术负责人及相关人员；

（四）总承包单位和分包单位技术负责人或授权委派的专业技术人员、项目负责人、项目技术负责人、专项施工方案编制人员、项目专职安全生产管理人员及相关人员；

（五）监理单位项目总监理工程师及专业监理工程师。

4.5.6 专家论证会后，应当形成论证报告，对专项施工方案提出"通过"、"修改后通过"或者"不通过"的一致意见。专家对论证报告负责并签字确认。专项施工方案经论证需修改后通过的，施工单位应当根据论证报告修改完善后，重新履行审查确认的程序。

4.5.7 专项施工方案经论证不通过的，施工单位修改后应当按照本规定的要求重新组织专家论证。

4.5.8 专项施工方案论证结论为"不通过"的情形如下：

①无工程及周边环境情况描述。②无施工风险辨识、风险分级及相应的风险管控措施。③无施工现场布置图和资源配置计划表。④施工工艺技术不满足设计和现场实际情况。⑤无施工安全保证措施(含组织保障措施、资金保障措施、监测监控措施)。⑥无施工管理及作业人员配备和分工(含施工管理人员、专职安全生产管理人员、特种作业人员和其他作业人员)。⑦无危大工程检验与验收要求。⑧无应急处置措施。⑨设计和计算不符合工程建设强制性标准要求。⑩无相关施工图纸。⑪采用禁止使用的施工工艺、设备和材料。⑫涉及有限空间作

业的,无通风、有害气体检测、专人监护等相应安全技术措施。⑬涉及地下水的,无地下水控制措施。⑭涉及高空作业的,无防高坠安全技术措施。⑮涉及临时用电的,无临时施工用电安全技术措施。⑯涉及因建设工程施工可能造成损害的毗邻建筑物、构筑物和地下管线等的,无专项防护措施。⑰其他直接涉及施工安全但又不能在论证会现场提出明确具体的改进措施的情形。

## 4.6　危大工程施工现场安全管理

4.6.1　施工单位应当在施工现场显著位置公告危大工程名称、施工时间和具体责任人员,并在危险区域设置安全警示标志。

4.6.2　施工单位应当严格按照批准的专项施工方案组织施工,不得擅自修改专项施工方案。因规划调整、设计变更等原因确需调整的,修改后的专项施工方案应当按照本规定重新审核和论证。涉及资金或者工期调整的,建设单位应当按照约定予以调整。

4.6.3　施工单位应当对危大工程施工作业人员进行登记,项目负责人应当在施工现场履职。项目专职安全生产管理人员应当对专项施工方案实施情况进行现场监督,对未按照专项施工方案施工的,应当要求立即整改,并及时报告项目负责人,项目负责人应当及时组织限期整改。

4.6.4　施工单位应当按照规定对危大工程进行施工监测

和安全巡视,发现危及人身安全的紧急情况,应当立即组织作业人员撤离危险区域。

## 4.7 危大工程施工监控监测及检查验收

4.7.1 对于按照规定需要进行第三方监测的危大工程,建设单位应当委托具有相应勘察资质的单位进行监测。监测单位应当编制监测方案。监测方案由监测单位技术负责人审核签字并加盖单位公章,报送监理单位后方可实施。

4.7.2 监测单位应当按照监测方案开展监测,及时向建设单位报送监测成果,并对监测成果负责;发现异常时,及时向建设、设计、施工、监理单位报告,建设单位应当立即组织相关单位采取处置措施。

4.7.3 对于按照规定需要验收的危大工程(支架、脚手架、围堰、模板模架体系、临时用电、塔吊、架桥机、顶推设备、深基坑支撑支护体系等),施工单位技术负责人和监理单位总监理工程师应当组织相关人员进行验收。验收合格的,经施工单位项目技术负责人及总监理工程师签字确认后,方可进入下一道工序。危大工程验收合格后,施工单位应当在施工现场明显位置设置验收标识牌,公示验收时间及责任人员。

## 4.8 危大工程施工应急管理

4.8.1 危大工程发生险情或者事故时,施工单位应当立即采取应急处置措施,并报告工程所在地建设主管部门。建设、勘察、设计、监理等单位应当配合施工单位开展应急抢险工作。

4.8.2 危大工程应急抢险结束后,建设单位应当组织勘察、设计、施工、监理等单位制定工程恢复方案,并对应急抢险工作进行后评估。

## 4.9 危大工程档案管理

4.9.1 施工、监理单位应当建立危大工程安全管理档案。

4.9.2 施工单位应当将专项施工方案及审核、专家论证、交底、现场检查、验收及整改等相关资料纳入档案管理。

4.9.3 监理单位应当将监理实施细则、专项施工方案审查、专项巡视检查、验收及整改等相关资料纳入档案管理。

## 4.10　参建各方责任

4.10.1　建设单位有下列行为之一的,责令限期改正,并处1万元以上3万元以下的罚款;对直接负责的主管人员和其他直接责任人员处1 000元以上5 000元以下的罚款:

(一)未按照本规定提供工程周边环境等资料的;

(二)未按照本规定在招标文件中列出危大工程清单的;

(三)未按照施工合同约定及时支付危大工程施工技术措施费或者相应的安全防护文明施工措施费的;

(四)未按照本规定委托具有相应勘察资质的单位进行第三方监测的;

(五)未对第三方监测单位报告的异常情况组织采取处置措施的。

4.10.2　勘察单位未在勘察文件中说明地质条件可能造成的工程风险的,责令限期改正,依照《建设工程安全生产管理条例》对单位进行处罚;对直接负责的主管人员和其他直接责任人员处1 000元以上5 000元以下的罚款。

4.10.3　设计单位未在设计文件中注明涉及危大工程的重点部位和环节,未提出保障工程周边环境安全和工程施工安全的意见的,责令限期改正,并处1万元以上3万元以下的罚款;对直接负责的主管人员和其他直接责任人员处1 000元以上5 000元以下的罚款。

4.10.4　施工单位未按照本规定编制并审核危大工程专

项施工方案的,依照《建设工程安全生产管理条例》对单位进行处罚,并暂扣安全生产许可证30日;对直接负责的主管人员和其他直接责任人员处1 000元以上5 000元以下的罚款。施工单位有下列行为之一的,依照《中华人民共和国安全生产法》《建设工程安全生产管理条例》对单位和相关责任人员进行处罚:

(一)未向施工现场管理人员和作业人员进行方案交底和安全技术交底的;

(二)未在施工现场显著位置公告危大工程,并在危险区域设置安全警示标志的;

(三)项目专职安全生产管理人员未对专项施工方案实施情况进行现场监督的。

施工单位有下列行为之一的,责令限期改正,处1万元以上3万元以下的罚款,并暂扣安全生产许可证30日;对直接负责的主管人员和其他直接责任人员处1 000元以上5 000元以下的罚款:

(一)未对超过一定规模的危大工程专项施工方案进行专家论证的;

(二)未根据专家论证报告对超过一定规模的危大工程专项施工方案进行修改,或者未按照本规定重新组织专家论证的;

(三)未严格按照专项施工方案组织施工,或者擅自修改专项施工方案的。

施工单位有下列行为之一的,责令限期改正,并处1万元

以上3万元以下的罚款;对直接负责的主管人员和其他直接责任人员处1000元以上5000元以下的罚款:

(一)项目负责人未按照本规定现场履职或者组织限期整改的;

(二)施工单位未按照本规定进行施工监测和安全巡视的;

(三)未按照本规定组织危大工程验收的;

(四)发生险情或者事故时,未采取应急处置措施的;

(五)未按照本规定建立危大工程安全管理档案的。

4.10.5 监理单位有下列行为之一的,依照《中华人民共和国安全生产法》《建设工程安全生产管理条例》对单位进行处罚;对直接负责的主管人员和其他直接责任人员处1000元以上5000元以下的罚款:

(一)总监理工程师未按照本规定审查危大工程专项施工方案的;

(二)发现施工单位未按照专项施工方案实施,未要求其整改或者停工的;

(三)施工单位拒不整改或者不停止施工时,未向建设单位和工程所在地住房城乡建设主管部门报告的。

监理单位有下列行为之一的,责令限期改正,并处1万元以上3万元以下的罚款;对直接负责的主管人员和其他直接责任人员处1000元以上5000元以下的罚款:

(一)未按照本规定编制监理实施细则的;

(二)未对危大工程施工实施专项巡视检查的;

（三）未按照本规定参与组织危大工程验收的；

（四）未按照本规定建立危大工程安全管理档案的。

4.10.6 监测单位有下列行为之一的，责令限期改正，并处 1 万元以上 3 万元以下的罚款；对直接负责的主管人员和其他直接责任人员处 1 000 元以上 5 000 元以下的罚款：

（一）未取得相应勘察资质从事第三方监测的；

（二）未按照本规定编制监测方案的；

（三）未按照监测方案开展监测的；

（四）发现异常未及时报告的。

# 第五章

风险管控措施及清单

## 5.1 评估与分级原则

根据确定的评估方法与风险判定准则进行风险评估,判定风险等级。风险等级判定应遵循从严从高的原则。综合考虑职业病危害风险和生产安全事故风险,将辨识出的风险因素确定为重大、较大、一般和低四个等级,分别以红、橙、黄、蓝四种颜色标注。以下情形直接判定为重大风险:①涉及危险化学品重大危险源;②极易造成重大及以上生产安全事故的因素;③经风险评估确定为最高级别风险的因素。

## 5.2 风险识别及分级管控要求

5.2.1 按照风险等级,逐一制定风险管控措施,明确管控重点、管控部门和管控人员;生产经营单位每年开展不少于1次安全风险全面辨识,形成风险识别清单,并更新报备重大风险管控清单,同步建立危险源全周期管控台账。

5.2.2 对较大及以上等级的风险,除编制专项方案、验算和专家论证及监控监测外,还应当制定专门管控方案,明确风险降级和管控措施,生产经营单位主要负责人应带班生产并落实专职安全管理人员,每月至少组织1次风险管控措施和管控方案落实情况的全面检查评价。

5.2.3 对一般等级安全风险,生产经营单位部门负责人应带班生产并落实专职安全管理人员,需采取风险防控措施,严格日常安全生产管理,加强现场巡视。

5.2.4　对低等级安全风险需加强日常管理,但包含有危险作业行为的工序或施工内容,生产经营单位应根据危险作业管理制度要求,开展危险作业安全条件自查工作并填写"危险作业审批单"(见表 5.2-1),"危险作业审批单"须经施工、监理单位现场负责人进行复查确认,未经批准的危险作业项目不得实施。

表 5.2-1　危险作业审批单

| 工程名称：_____ | | 合同号：_____ | |
|---|---|---|---|
| 施工单位：_____ | | 编　号：_____ | |
| 申请单位 | | 作业地点部位 | |
| 作业日期 | 　　　　至 | 作业时间 | 　　　　至 |
| 作业类别 | 动火作业　　　□<br>密闭容器作业□ | 带电作业　　　　□<br>起重吊装作业　□ | 登高作业　□<br>其他作业　□ |
| 作业条件 | 作业方案或操作规程及管理协议(涉及第三方)等情况。<br>安全教育、交底、风险告知情况。<br>特种设备及人员持证和报批情况。<br>现场警示、警告、警戒、防护等标准化措施落实情况。<br>应急准备情况。<br>管理人员到岗情况。<br>监测监控等其他情况。 | | |
| 作业内容及防范措施自查情况说明：<br><br>　　　　　　　　危险作业班组长签名：　　危险作业监护人签名： | | | |
| 项目部复查意见：<br>　　　　　　　安全部(科)长：<br>　　　　　　　分管安全项目经理：　　　年　　月　　日 | | | |
| 总监办审查意见：<br>　　　　　　　监理工程师：　　　　　　年　　月　　日 | | | |

注：该表由对应部位的监理工程师负责确认上报。

危险作业内容包括但不限于高空作业、动火作业、动电作业、起重吊装作业、受限空间作业、设备检修作业、交叉作业、水上水下作业等作业行为。所有班组开展生产经营活动前或者交接班时，应当进行风险管控措施审查和风险管控措施预知、设备设施检查等安全生产条件核查确认；生产运营活动结束后，应当对作业场所、设备设施、物品存放等涉及安全的事项进行检查。

5.2.5 制定风险控制措施时应从工程技术措施、管理措施、培训教育措施、个体防护措施、应急处置措施这五类中进行选择。风险控制措施的选择应考虑可行性、可靠性、先进性、安全性、经济合理性、运营运行情况及可靠的技术保证和服务。

5.2.6 设备设施类危险源通常采用以下控制措施：安全屏护、报警、联锁、限位、安全泄放等工艺设备本身固有的控制措施和检查、检测、维保等常规的管理措施。

5.2.7 作业活动危险源的控制措施通常从以下方面考虑：制度和操作规程的完备性、管理流程合理性、作业环境可控性、作业对象完好状态及作业人员技术能力等方面。

5.2.8 不同级别的风险因素要结合实际采取一种或多种措施进行控制，实行全周期专人管控。对于评估出的不可接受风险，应首先研究制定风险降级措施，使风险因素达到可以接受的等级后，再制定相应的管控措施，并强化落实。

5.2.9 风险控制措施应在实施前针对以下内容评审：①措施的可行性和有效性；②是否使风险降低到可以接受的程度；③是否产生新的风险；④是否已选定了最佳的解决方案；⑤是否会被应用于实际工作中。

## 5.3　风险告知、预警及动态管理措施

5.3.1　监测预警。生产经营单位应落实风险监测预警工作制度,根据不同的监控对象、监控重点、监控内容、监控要求,采取科学高效的方式,切实加强监测预警工作。风险监测预警人员,应根据风险监测预警工作制度,由监测系统或人工实现对作业单元的实时状态和变化趋势的掌握,根据主要致险因素的管控临界值,实现异常预警,相关预警信息应及时报告相关管理部门和人员。生产经营单位相关部门和人员收到预警信息后,应及时做好应急人员、物资、装备等防御性响应工作,防范安全生产事故发生。生产经营单位存在重大风险的,应制订专项动态监测计划,定期更新监测数据或状态,每月不少于1次,并单独建档。重大风险进入预警状态的,应依据有关要求采取措施全面立即响应,并将预警信息同步报送属地负有安全生产监督管理职责的管理部门。其他等级风险监测、预警等应严格执行生产经营单位分级管理制度。

5.3.2　警示告知。生产经营单位应落实风险警示告知工作制度,将风险基本情况、应急措施等信息通过安全手册、公告提醒、标识牌、讲解宣传、网络信息等方式告知本范围从业人员和进入风险工作区域的外来人员,指导、督促做好安全防范。在主要风险场所设置安全警示标识,标明警示内容,并将主要风险类型、位置、风险危害、影响范围、致险因素、可能发生的风险事件及后果、安全防范与应急措施告知直接影响范围内的相

关部门和人员。生产经营单位存在重大风险的,应当将重大风险的名称、位置、危险特性、影响范围、可能发生的安全生产事故及后果、管控措施和安全防范与应急措施告知直接影响范围内的相关单位或人员。应在风险影响的场所(区域、设备)入口处,给出明显的警示标识,并以文字或图像等方式,给出进入重大风险区域注意事项提示。其他等级风险警示告知工作应严格执行生产经营单位分级管理制度。

5.3.3 风险降低。生产经营单位应落实风险降低工作制度,根据本单位的风险辨识、评估结果,针对人、设施设备、环境、管理等致险因素,采取有效的风险降低措施,降低风险等级。生产经营单位存在重大风险的,应根据主要致险因素的可控性,积极制定风险降低工作制度,并建立重大风险降低专项资金,满足生产经营单位针对重大风险的管控需求。其他等级风险降低工作应严格执行生产经营单位分级管理制度。

5.3.4 应急处置。生产经营单位应加强风险事件应急处置体系建设,包括:完善应急预案,理顺应急管理机制,组建专兼职应急队伍,储备应急物资和装备,加强应急演练等。突发事件发生后,应依据《中华人民共和国突发事件应对法》,按照"分级负责、属地管理"的原则,严格执行行业、生产经营单位制定的相关应急预案、应急协调联动机制,接受地方政府、行业管理部门的统一应急指挥决策、应急协调联动、应急信息发布,并积极开展突发事件现场的应急处置工作。重大风险应单独编制专项应急措施,定期开展重大风险应急处置演练。

5.3.5 登记备案。生产经营单位应落实重大风险信息登记备案规定,如实记录风险辨识、评估、监测、管控等工作,并规范管理档案。重大风险应单独建立清单和专项档案。应明确信息登记责任人,严格遵守报备内容、方式、时限、质量等要求,接受相关管理部门监督。重大风险信息报备主要内容包括:基本信息、管控信息、预警信息和事故信息等。重大风险信息报备方式包括:初次、定期和动态三种方式。

5.3.6 风险动态管控。生产经营单位应保障必要的投入,加强风险动态监测监控管理,将风险控制在可接受范围内。施工前和施工期间可采取风险控制措施,见表5.3-1,包括施工方案调整、加强安全措施、提高管理水平和人员的素质等。具体如下:

表 5.3-1 风险控制措施

| 风险级别 | 管控部门 | 管控措施 |
| --- | --- | --- |
| 重大风险\红色 | 单位级、部门、班组、岗位 | 工程技术、管理、培训教育、个体防护及应急措施 |
| 较大风险\橙色 | 单位级、部门、班组、岗位 | 工程技术、管理、培训教育、个体防护及应急措施 |
| 一般风险\黄色 | 部门、班组、岗位 | 管理、培训教育、个体防护及应急措施 |
| 低风险\蓝色 | 班组、岗位 | 管理、培训教育、个体防护措施 |

(1)调整施工方案:主要包括合理调整施工顺序、改进施工工艺。①合理调整施工顺序:即为了减少和控制施工过程发生风险事故,对施工工序从时间顺序和空间次序上进行合理安排或调整。②改进施工工艺:即对施工方法、工艺参数进行改进,减少和控制施工过程发生的风险事故。

(2)加强安全措施:除应执行现行的有关标准、规范外,还应当根据实际工程特点,采取安全有效、便于施工的安全措施,降低施工安全风险。主要包括安全技术措施、安全替代措施、应急救援措施。①安全技术措施:包括监测预警、对不安全场所进行安全隔离或加固防护、设立警告标志、人工警戒或专人指挥等。②安全替代措施:对人工直接操作有较大风险的,可以用机械或其他方式替代人工操作。③应急救援措施:主要指制定应急预案和做好应急准备。

(3) 落实管理措施,强化教育培训。①加强管理:重点是抓落实,包括安全管理人员落实,安全管理制度落实,安全资金投入落实,现场管理措施落实。②人员素质提高:主要是进行经常性地安全教育和培训,强化安全意识和观念,提高安全操作技能;对特殊工种进行专门培训,做到持证上岗;对关键风险控制点安排人员巡逻检查;施工人员身体健康状况符合工种要求;施工前做好安全技术交底。

(4) 健全安全风险辨识、分析、决策、防控、责任等协同机制,实施风险分级管控和风险警示告知、监控预警及定期分析评价制度。在项目实施阶段,应根据总体风险评估结果、专项风险评估结果,采取事前预控、事中监控、事后评价的方式,强化实施动态检查、循环的风险控制,直至将风险至少降低到可接受的程度。将风险等级用不同颜色绘制成红、橙、黄、蓝四色施工安全风险分布图并公告现场。加强风险动态监测预警,落实管控责任和措施。

(5) 生产经营单位应根据风险管控结果,逐级编制并发布风险分布图,应当将风险管控措施或者管控方案在风险部位、岗位进行公示。应当在有较大及以上等级风险的生产运营场所显著位置、关键部位和有关设施设备上设置明显警示标志、标识,设立包括疏散路线、危险介质、危害表现和应急措施等内容的风险告知牌(板)。

## 5.4 风险管控清单

风险源辨识和风险评估后,应编制"风险管控清单"。应包括辨识部位、存在风险、风险分级、事故类型、主要管控措施、责任部门和责任人等内容。

5.4.1 船闸主体工程施工安全风险辨识评估及管控清单(见表5.4-1)。

5.4.2 引航道工程施工安全风险辨识评估及管控清单(见表5.4-2)。

5.4.3 闸门启闭机安装施工安全风险辨识评估及管控清单(见表5.4-3)。

5.4.4 跨闸桥梁施工安全风险辨识评估及管控清单(见表5.4-4)。

5.4.5 配电房施工安全风险辨识评估及管控清单(见表5.4-5)。

5.4.6 风险点告知卡(示例)(见表5.4-6)。

5.4.7 风险分布图(示例)(见图5.4-1)。

## 第五章 风险管控措施及清单

表 5.4-1 船闸三体工程施工安全风险辨识评估及管控清单

| 分部/分项工程 | 风险等级 | 施工作业内容 | 风险因素分析 | 风险防范控制措施 |
|---|---|---|---|---|
| 围堰工程 | Ⅲ级 | 1. 围堰填筑施工。<br>2. 防渗结构施工。<br>3. 边坡防护施工。<br>4. 围堰顶面混凝土施工。 | 1. "三违"行为。<br>2. 水下障碍物。<br>3. 不良天气影响。<br>4. 方案编制不完善或监管缺失、未按批准方案实施。<br>5. 个体防护措施及安全防护设施落实不到位。<br>6. 车船设备带病作业。<br>7. 围堰体渗漏或不稳定。<br>8. 作业区未设置警戒标识标志。 | 1. 严格按照批准的方案实施，正式投入使用前，建设、设计、监理和施工单位共同进行质量验收。<br>2. 岗前培训教育、风险告知、施工方案交底工作落实到位。<br>3. 施工机械及人员必须持有效资质证件。<br>4. 安全责任措施逐条落实，现场有人员管理。<br>5. 警示警戒灯牌到位，按照预案落实应急措施。<br>6. 车船进场时，安全检查验收符合规范要求。<br>7. 临时用电布设及验收符合规范要求。<br>8. 开展围堰监控监测。<br>9. 制订用电布设方案，管控重点，管控部门及管控人员。 |
| 围堰工程 | Ⅲ级 | 1. 钢板桩制作及运输。<br>2. 钢板桩沉桩。<br>3. 钢导梁及拉杆安装。<br>4. 围堰堰体填筑。<br>5. 防渗结构施工。<br>6. 回填土施工。<br>7. 混凝土施工。<br>8. 防渗设施及临边防护。<br>9. 围堰体内注水、拆除钢板桩。 | 1. "三违"行为及起重吊装违章作业。<br>2. 水下障碍物。<br>3. 不良天气影响。<br>4. 方案编制不完善或监管缺失、未按批准方案实施。<br>5. 个体防护措施及安全防护设施未落实。<br>6. 船舶设备带病作业、缆绳穿越施工区、船舶碰撞损坏。<br>7. 回填过程钢板桩失去、围堰体渗漏或不稳定明显。<br>8. 拉杆失效或支撑体板碰损坏。<br>9. 作业区未设置警戒成果设置。<br>10. 船舶用电乱接、防火设施不完善、电工、焊工、起重工及涉水作业人员无证上岗。<br>11. 机械船舶及驾驶员、特种作业人员无证上岗。 | 1. 严格按照批准的方案实施，正式投入使用前，建设、设计、监理和施工单位共同进行质量验收。<br>2. 岗前培训教育、风险告知、施工方案交底工作落实到位。<br>3. 对车船和重要设备及特种人员资质落实、施工书面检查验收。<br>4. 及时落实安全带首人。<br>5. 检查落实水等安全防护设施及布设检查验收到位。<br>6. 施工水域警示警戒灯牌、风险告知牌、监测到位。<br>7. 临时设施及用电布设检查验收到位。<br>8. 对防冲淤变形位移监测及监控。<br>9. 进行沉降变形位移监测及监控。<br>10. 制订管控方案，管控重点，管控部门及管控人员。 |

077

续表

| 分部/分项工程 | 风险等级 | 施工作业内容 | 风险因素分析 | 风险防范控制措施 |
|---|---|---|---|---|
| 基坑降排水 | Ⅲ级 | 1. 排水沟开挖。<br>2. 集水坑设置。<br>3. 环形盲沟设置。<br>4. 抽水泵安装。<br>5. 积水抽排。 | 1. "三违"行为。<br>2. 不良天气影响，造成积水。<br>3. 监管缺失未按方案及工艺实施。<br>4. 个体防护措施及安全防护设施未落实。<br>5. 机械设备作业伤害。<br>6. 用电设备及线路融电伤害。<br>7. 无备用电源，排水设备停止运转。 | 1. 严格按照批准的方案实施，正式投入使用前，进行质量验收。<br>2. 岗前培训教育，风险告知，施工方案交底工作落实到位。<br>3. 特种人、机持有效资质证书上岗。<br>4. 及时掌握天气变化，按照预案落实应急措施。<br>5. 用电布设检查验收符合规范要求。<br>6. 制订管控方案，明确管控重点，管控部门及管控人员。 |
| 基坑工程 围护基坑支护桩 | Ⅲ级 | 1. 场地整理。<br>2. 支护钢板桩施工。<br>3. 防渗旋喷桩施工。<br>4. 钢支撑分层安装及拆除。 | 1. "三违"行为。<br>2. 桩机拆装不稳倾倒打击、带病作业。<br>3. 起重工、电工、焊工和桩基操作人员无证上岗。<br>4. 方案编制不完善或监管缺失、未按批准方案实施。<br>5. 交叉作业、支护体系转换吊装操作违章，警示警戒不到位。<br>6. 用电线路及设备不规范。 | 1. 严格按照批准的方案实施，及时组织进行支护质量验收。<br>2. 岗前培训教育，风险告知，施工方案交底工作落实到位。<br>3. 对设备及人员资质制度、查处"三违"行为。<br>4. 落实领导带班生产制度、查处"三违"行为。<br>5. 严格沉降变形位移监测及监控，按照预案落实应急措施。<br>6. 警示警告灯牌。<br>7. 临边临水等安全防护设施及措施落实到位。<br>8. 制订管控方案，明确管控重点，管控部门及管控人员。 |

续表

| 分部/分项工程 | 风险等级 | 施工作业内容 | 风险因素分析 | 风险防范控制措施 |
|---|---|---|---|---|
| 基坑工程 闸室基坑支护桩 | Ⅲ级 | 1. 场地整理。<br>2. 支护灌注桩施工。<br>3. 支护旋喷桩施工。<br>4. 钢支撑分层安装及拆除。 | 1. "三违"行为。<br>2. 桩机拆装不稳倾倒打击、带病作业。<br>3. 起重工、电工、焊工和桩基操作人员未持有效证作上岗。<br>4. 方案未按规定审批、监管缺失、未按批准方案实施。<br>5. 交叉作业。<br>6. 用电线路及设备不规范。<br>7. 警示警戒及安全防护未完善。<br>8. 灌注桩、旋喷桩质量存在缺陷。 | 1. 严格方案审批并按批准的方案实施,及时进行支护质量验收。<br>2. 岗前培训教育、风险告知、施工方案交底工作落实到位。<br>3. 对设备及人员资质生产制度、查处"三违"行为。<br>4. 落实领导带班生产制度、查处"三违"行为。<br>5. 严格沉降变形位移监测及监控,按照预案落实应急措施。<br>6. "警示警告灯牌、风险告知牌等必须按方案设置。<br>7. 临边临水等安全防护设施及措施落实到位。<br>8. 制订管控方案,明确管控重点,管控部门及管控人员。 |

续表

| 分部/分项工程 | 风险等级 | 施工作业内容 | 风险因素分析 | 风险防范控制措施 |
|---|---|---|---|---|
| 基坑工程 | Ⅲ级 | 1. 便道修筑、临近结构加固。<br>2. 分层开挖。<br>3. 土石方外运。<br>4. 捕筋及网片安装。<br>5. 喷射混凝土施工及养护。 | 1. "三违"行为。<br>2. 设备车辆违章作业。<br>3. 违反施工流程、支护不及时造成临近结构失稳倒塌。<br>4. 个体防护措施及安全防护设施未落实。<br>5. 车船设备带病作业。<br>6. 超载超速造成伤亡。<br>7. 监管缺失、未按批准的方案实施及验收、监控监测不到位。<br>8. 开挖不按方案执行、土方运输车辆存在超速、超载等交通安全问题。 | 1. 制订管控方案。明确管控重点，管控部门及管控人员。严格按照方案设计图纸进行施工中严格遵循"开挖支撑、开槽支撑，随挖随撑分层开挖。严禁超挖"的原则，分段、分层开挖，及时支护，开挖完成尽快验收封底。<br>2. 岗前培训教育。风险告知，施工方案交底工作落实到位。<br>3. 对车辆设备及人员资质证书检查验收。<br>4. 落实领导带班生产制度，查处"三违"行为。<br>5. 按照监测方案要求实施动态监测，及时反馈数据，分析原因，基坑开挖时应及时采取应急措施。<br>6. 警示警告灯牌。风险告知牌等必须按方案设置。<br>7. 临边临水等安全防护设施及措施落实到位。<br>8. 结合基坑所在位置降雨、地下水、基坑面积等实际情况，详细计算基坑降水量。制定有针对性的排水方案，布设充足的降水点，降水施工措施。施工过程中加强基坑水位监测，并严格按要求落实降水设备及备用电源。防止因集中降雨、停电等特殊情况影响基坑安全。<br>9. 根据边坡稳定验算结果，划定防护区域，明确基坑边堆载及车辆行驶等限制要求。<br>10. 基坑内应按方案及相关规范要求设置生通道，施工现场附近设照明设施。全警示和护栏。并在夜间安设照明灯具安全线时，应设专人监护，涉及地下管线施工应联系相关单位做好相应保护措施。 |

续表

| 分部/分项工程 | 风险等级 | 施工作业内容 | 风险因素分析 | 风险防范控制措施 |
|---|---|---|---|---|
| 地基与基础<br>水泥搅拌桩施工 | I级 | 1. 设备就位。<br>2. 制浆。<br>3. 钻孔喷浆。<br>4. 复搅。<br>5. 设备移位。 | 1. "三违"行为。<br>2. 设备装载失稳打击、桩机失稳或带病作业。<br>3. 起重工、电工、焊工和桩基操作人员未持有效证件上岗。<br>4. 用电线路及设备不规范。<br>5. 警示警戒及安全防护未完善。<br>6. 恶劣天气。 | 1. 严格按照批准的方案实施，及时进行支护质量验收。<br>2. 岗前培训教育、风险告知，施工方案交底工作落实到位。<br>3. 对设备及人员资质证书检查验收。<br>4. 落实管控人员，查处"三违"行为。<br>5. 按照预案落实应急措施。<br>6. 警示警告灯牌、风险告知牌等必须按方案设置。<br>7. 临边临水等安全防护设施及措施落实到位。 |
| 闸首与闸室<br>现浇底板 | Ⅲ级 | 1. 封底（垫层）施工。<br>2. 钢筋绑扎。<br>3. 模板安装。<br>4. 混凝土浇筑。<br>5. 拆模。<br>6. 养护。 | 1. 工具、模板等作业材料吊运滑落打击。<br>2. 发电机、基坑、破损的电线、配电箱等导电触电。<br>3. 围堰、支护构筑物倒塌方、边坡等局部或整体塌方。<br>4. 作业平台和安全通道防护措施不全、进入现场人员跌落伤亡。<br>5. "三违"行为。<br>6. 起重工、电工、焊工和设备操作人员未持有效证件上岗。<br>7. 警示警戒及安全防护措施未完善。<br>8. 钢筋骨架倒、侧模支撑不牢靠或大量堆载失稳倾倒、模板倒塌。 | 1. 根据结构特征、砼施工工艺和现行的有关要求，合理设计模板及支撑体系，完善混凝土专项方案，按要求组织方案评审，落实施工前技术交底与安全交底，并严格落实专项方案和应急预案。<br>2. 模板、支撑等材料进场后严格按照规定进行检查、验收，严禁不合格材料、配件使用。<br>3. 按方案和规范要求安装斜向预压，模板安装要求完成后及时进行验收和预压、模板和模板支撑系统分离。<br>4. 临边防护、作业平台和临时高处作业平台要求落实到位。<br>5. 岗前培训教育、作业平台和临时高处作业平台要求落实到位。<br>6. 落实领导带班生产制度、查处"三违"。<br>7. 对照方案验收安全防护设施和临时用电设施。<br>8. 警示警告灯牌、风险告知牌等必须按方案设置。<br>9. 制订管控方案、明确管控重点，管控部门及管控人员。 |

续表

| 分部/分项工程 | 风险等级 | 施工作业内容 | 风险因素分析 | 风险防范控制措施 |
|---|---|---|---|---|
| 闸首与闸室 塔吊安拆 | Ⅲ级 | 1. 基础设计及验算。<br>2. 闸首底板预埋塔吊基础钢筋或地脚螺栓。<br>3. 起重设备就位。<br>4. 标准节吊装。<br>5. 操作室吊装。<br>6. 避雷接地及调试。<br>7. 备案及检测验收。 | 1. 方案不完善或监管缺失，未按批准方案实施。<br>2. "三违"行为。<br>3. 安拆单位无安拆资质，安拆单位和安拆操作人员未持有效证件上岗。<br>4. 起重机和安拆操作人员未持有效资质证书，架设不稳，违章作业。<br>5. 用电线路敷设及用电设备不规范。<br>6. 警示警戒及安全防护措施未完善。<br>7. 吊具，连接件、避雷接地不完善。<br>8. 安装收件办理移交手续，使用前未取得合法验收并挂牌使用。<br>9. 附近有高压杆线危险源。 | 1. 严格方案审批，按批准方案实施。<br>2. 带班审查及时查处"三违"行为。<br>3. 严格生产条件检查，对安拆单位、起重工、电工、焊工和安拆操作人员资质证书检查验收。<br>4. 对使用的设备安拆进行检查验收。<br>5. 对临时用电按照批准的方案布置并验收。<br>6. 警示警戒及安全防护按要求设置，个体防护用品正确使用发放。<br>7. 按规范要求验收吊具、连接件、避雷接地（气象部门）。<br>8. 安装完成办理移交手续，组织特种设备检测验收并挂牌使用。<br>9. 提前勘查施工环境，联系产权单位做好危险源保护。<br>10. 按照预案落实应急措施。 |

续表

| 分部/分项工程 | 风险等级 | 施工作业内容 | 风险因素分析 | 风险防范控制措施 |
|---|---|---|---|---|
| 闸首与闸室 现浇消能设施 | Ⅰ级 | 1. 测量放线。<br>2. 钢筋制安。<br>3. 模板安装。<br>4. 混凝土浇筑。<br>5. 拆模。<br>6. 养护。 | 1. 工具、模板管件材料吊运滑落打击。<br>2. 发电机、破损的电线、配电箱等导电触电。<br>3. 围堰、基坑、边坡等局部或整体塌方、支撑构筑物倒塌。<br>4. 作业平台和安全通道防护措施不健全，进入现场人员跌落伤亡。<br>5. "三违"行为。<br>6. 起重工、电工、焊工和设备操作人员未持有效证件上岗。<br>7. 警示警戒及安全防护措施未完善。 | 1. 按方案和规范要求拆高大模板、支撑架，安装完成及时进行验收，模板按要求安装高处作业平台和临边防护，作业平台和模板板系统分离。<br>2. 岗前培训教育、风险告知，施工方案交底工作落实到位。<br>3. 设备及人员持有效资质证件上岗。<br>4. 落实领导带班生产制度，查处"三违"行为。<br>5. 按方案规范设置警示告灯牌，风险告知牌。<br>6. 落实风险管控责任人，明确管控工作职责，纳入岗位安全生产责任制考核内容。 |
| 闸首与闸室 现浇门槽 | Ⅰ级 | 1. 测量放线。<br>2. 钢筋制安。<br>3. 模板安装。<br>4. 混凝土浇筑。<br>5. 拆模。<br>6. 养护。 | 1. 工具、模板管件材料吊运滑落打击。<br>2. 发电机、破损的电线、配电箱等导电触电。<br>3. 围堰、基坑、边坡等局部或整体塌方、支撑构筑物倒塌。<br>4. 作业平台和安全通道防护措施不健全，进入现场人员跌落伤亡。<br>5. "三违"行为。<br>6. 起重工、电工、焊工和设备操作人员未持有效证件上岗。<br>7. 警示警戒及安全防护措施未完善。 | 1. 按方案和规范要求拆高大模板、支撑架，安装完成及时进行验收，模板按要求安装高处作业平台和临边防护，作业平台和模板板系统分离。<br>2. 岗前培训教育、风险告知，施工方案交底工作落实到位。<br>3. 设备及人员持有效资质证件上岗。<br>4. 落实领导带班生产制度，查处"三违"行为。<br>5. 按方案设置警示责任人，明确管控工作职责，纳入岗位安全生产责任制考核内容。 |

第五章 风险管控措施及清单

083

续表

| 分部/分项工程 | 风险等级 | 施工作业内容 | 风险因素分析 | 风险防范控制措施 |
|---|---|---|---|---|
| 闸首与闸室间现浇输水廊道 | Ⅲ级 | 1. 测量放线。<br>2. 支架搭设。<br>3. 钢筋钢护面制安。<br>4. 模板安装。<br>5. 混凝土浇筑。<br>6. 拆模。<br>7. 养护。 | 1. 作业人员违章作业、酒后作业、高空抛物或不系安全带等"存在'三违'行为"。<br>2. 使用不合格防护用品、设施或材料。<br>3. 电工、电焊工、架子工等特种人员未持有效证件上岗、作业人员疲劳作业。<br>4. 电器原配件电缆不达标、线路不规范。<br>5. 作业平台、上下笼梯通道安全防护不到位、固定不可靠、失稳失衡。<br>6. 监管不到位，未按照批准方案实施。<br>7. 支撑、支架、脚手架及大型模板组织验收挂牌使用，失稳坍塌。<br>8. 各类设备带病作业、塔吊吊物违章作业。<br>9. 高空作业执行"先通风、后检测、再作业"安全作业流程、模板安拆作业未按方案实施。 | 1. 根据结构特征，依施工工艺和现行的有关要求合理设计模板及支撑体系，完善混凝土专项方案，按要求组织专家评审，落实施工前技术交底与安全交底，并严格按方案落实。<br>2. 模板、支架等材料进场后严格按照规定进行检查、验收，严禁不合格材料、配件投入使用。<br>3. 按方案和规范要求安装模板、支撑架、安装完成及时进行验收和预压，模板按要求支撑高处作业平台和临边防护设施、作业平台和模板系统分离。<br>4. 岗前培训教育到位，风险告知、施工方案交底工作落实到位。<br>5. 设备及人员持有效资质证件并核对验收。<br>6. 落实领导带班生产制度，查处"三违"行为。<br>7. 对照方案验收安全防护设备和临时用电设施。<br>8. 警示警示灯牌，风险告知牌等必须按方案设置。<br>9. 制订管控方案，明确管控重点，管控部门及管控人员。 |

084

续表

| 分部/分项工程 | 风险等级 | 施工作业内容 | 风险因素分析 | 风险防范控制措施 |
|---|---|---|---|---|
| 现浇闸首闸室闸号闸边墩 | Ⅲ级 | 1. 测量放线。<br>2. 支架搭设。<br>3. 钢筋钢护面制安。<br>4. 模板安装。<br>5. 混凝土浇筑。<br>6. 拆模。<br>7. 养护。 | 1. 作业人员违章作业、酒后作业、高空抛物或不系安全带等"存在"三违"行为。<br>2. 使用不合格防护用品、设施或材料。<br>3. 电工、电焊工、架子工、起重工等特种人员未持有效证件上岗、作业人员疲劳作业。<br>4. 电器原配件电缆未达标、线路不规范。<br>5. 作业平台、上下笼梯通道安全防护不当、固定不可靠、失稳失角。<br>6. 监管不到位、未按照批准方案实施。<br>7. 支撑、支架、脚手架及大型模板组织验收挂牌使用、失稳坍塌。<br>8. 各类设备带病作业、塔吊吊物违章作业等。<br>9. 高空作业、有限空间作业模板失稳。<br>10. 通道口、预留口、阀门井口及临边临空防护措施未落实。 | 1. 根据结构特征，砼施工工艺和现行的有关要求合理设计模板及支撑体系，完善混凝土专项方案，按要求组织方案评审，落实施工前技术交底与安全交底，并严格按方案执行。<br>2. 模板、支架等材料进场后严格按照规定进入使用。<br>3. 按方案要求安拆较高大模板、支撑架、安装完成及时进行验收和预压，模板按要求安装和模板系统分离，作业平台和临边防护设施，作业平台和模板支撑工作落实到位。<br>4. 岗前培训教育到位，风险告知、施工方案交底工作落实到位。<br>5. 设备及人员持有效资质并作核对验收。<br>6. 落实领导带班生产制度，查处"三违"行为。<br>7. 对照方案验收安全防护设备和临时用电设施。<br>8. 警示警告灯牌，风险告知牌等必须按方案设置。<br>9. 制订管控方案，明确管控重点，管控部门及管控人员。 |

第五章 风险管控措施及清单

085

续表

| 分部/分项工程 | 风险等级 | 施工作业内容 | 风险因素分析 | 风险防范控制措施 |
|---|---|---|---|---|
| 现浇闸墩<br>闸首与闸室 | Ⅲ级 | 1. 测量放线。<br>2. 移动模架拼装。<br>3. 钢筋网护面制安。<br>4. 模板安装。<br>5. 混凝土浇筑。<br>6. 拆模。<br>7. 模架移位。<br>8. 养护。 | 1. 作业人员违章作业,存在"三违"行为。<br>2. 使用不合格防护用品、设施或材料。<br>3. 电工、电焊工、架子工、起重工等特种人员未持有效证件上岗,作业人员疲劳作业。<br>4. 电器原配件电缆不达标、线路不规范。<br>5. 作业平台、通道安全防护不当或安全距离不足。<br>6. 监管不到位,未按照批准方案实施。<br>7. 移动模架及大型模板组织验收、支护拉结不可靠、失稳。<br>8. 各类设备带病作业、违章作业。<br>9. 模板及模架拼装吊装高空作业、临边作业安措施未落实。 | 1. 根据结构特征,砼施工工艺和现行的有关要求合理设计模板及支撑体系,完善混凝土专项方案,按要求组织方案评审,落实施工前技术交底与安全交底,并严格按方案落实。<br>2. 模板、支架等材料进场后严格按照规定进行检查、验收,严禁不合格材料、配件投入使用。<br>3. 按方案要求和规范要求拆除高大模板、支撑架、安装完成及时进行验收和预压,模板按要求安装高处作业平台和临边防护设施,作业平台和模板系统分离。<br>4. 岗前培训教育、风险告知、施工方案交底工作落实到位。<br>5. 设备及人员持有有效资质证件并核对验收。<br>6. 落实领导带班生产制度、制度、查处"三违"行为。<br>7. 落实吊装高空作业安全措施,临时用用电组织验收。<br>8. 警示警告灯牌、风险告知牌等必须按方案设置。<br>9. 制订管控方案、明确管控重点,管控部门及管控人员。 |

续表

| 分部/分项工程 | 风险等级 | 施工作业内容 | 风险因素分析 | 风险防范控制措施 |
|---|---|---|---|---|
| 现浇门库及门槽闸首闸室（二期） | Ⅲ级 | 1. 支架搭设。<br>2. 钢筋安装。<br>3. 模板安装。<br>4. 混凝土浇筑。<br>5. 拆模养护。 | 1. 工具、模板管件材料吊运潜在打击。<br>2. 发电机、破损的电线、配电箱等导电触电。<br>3. 支架不稳、未组织验收。<br>4. 作业平台和安全通道防护措施不健全，进入现场人员跌落伤亡。<br>5. 个体安全防护措施未落实，存在"三违"行为。<br>6. 起重工、电工、焊工和设备操作人员未持有效证上岗。<br>7. 警示警戒及安全防护措施未完善。<br>8. 模板吊装、高空作业及有限空间作业安全措施未落实。 | 1. 按方案和规范要求拆模板及支撑、模板按要求安装高处作业平台和临边防护设施，模板验收，作业平台和模板系统分离及时进行验收、施工方案交底工作落实到位。<br>2. 岗前培训教育，风险告知，查处"三违"行为。<br>3. 设备及人员持有效资质证上岗。<br>4. 落实领导带班生产制度，查处"三违"行为。<br>5. 警示警告挂牌，风险告知牌按方案设置。<br>6. 制订管控方案，明确管控重点，管控部门及管控人员。 |
| 启闭机基础及顶板 | Ⅲ级 | 1. 测量放线。<br>2. 埋件及钢筋制安。<br>3. 模板安装。<br>4. 混凝土浇筑。<br>5. 拆模。<br>6. 养护。 | 1. 工具、模板管件材料吊运潜在打击。<br>2. 电焊机、破损的电线、配电箱等导电触电。<br>3. 作业平台和安全通道防护措施不健全，进入现场人员跌落伤亡。<br>4. 存在"三违"行为。<br>5. 起重工、电工、焊工和设备操作人员未持有效证件。<br>6. 警示警戒及安全防护措施未完善。 | 1. 按方案和规范要求拆模板及支撑、模板按要求安装高处作业平台和临边防护设施、作业平台和模板系统分离及时进行验收、施工方案交底工作落实到位。<br>2. 岗前培训教育，风险告知，施工方案交底个体防护措施。<br>3. 设备及人员持有效资质证上岗。<br>4. 及时制止"三违"行为，落实个体防护措施。<br>5. 警示警告挂牌，风险告知牌按方案设置。<br>6. 落实安全风险管控责任人，明确管控工作职责，纳入岗位安全生产责任制考核内容。 |

第五章 风险管控措施及清单

续表

| 分部/分项工程 | | 风险等级 | 施工作业内容 | 风险因素分析 | 风险防范控制措施 |
|---|---|---|---|---|---|
| 墙后工程 | 倒滤层 | Ⅰ级 | 1. 放样。<br>2. 滤层铺设。<br>3. 整平。 | 1. 存在"三违"行为。<br>2. 机械设备操作人员未持有效证件上岗或违章作业。<br>3. 人员进入机械作业半径。 | 1. 按安全技术规范要求组织施工。<br>2. 岗前培训教育，风险告知，施工方案交底上岗情况检查落实到位。<br>3. 对设备及人员持有效资质证件上岗证件上岗防护措施。<br>4. 查处"三违"行为，落实个体防护措施。 |
| | 墙后排水系统施工 | Ⅰ级 | 1. 放样。<br>2. 管沟(井)开挖。<br>3. 管沟(井)敷设。<br>4. 回填。 | 1. 存在"三违"行为。<br>2. 机械设备操作人员未持有效证件上岗或违章作业。<br>3. 人员进入机械作业半径。 | 1. 按安全技术规范要求组织施工。<br>2. 岗前培训教育，风险告知，施工方案交底上岗情况检查落实到位。<br>3. 对设备及人员持有效资质证件上岗防护措施。<br>4. 及时制止"三违"行为，落实个体防护措施。 |
| | 土方回填 | Ⅰ级 | 1. 土方运输。<br>2. 分层摊铺。<br>3. 分层压实。 | 1. 存在"三违"行为。<br>2. 机械设备操作人员未持有效证件上岗或违章作业。<br>3. 人员进入机械作业半径。 | 1. 按安全技术规范要求组织施工。<br>2. 岗前培训教育，风险告知，施工方案交底上岗情况检查落实到位。<br>3. 对设备及人员持有效资质证件上岗验收。<br>4. 及时制止"三违"行为，落实个体防护措施。 |
| | 铺砌面层 | Ⅰ级 | 1. 整平压实。<br>2. 垫层铺设。<br>3. 铺砌面层。 | 1. 存在"三违"行为。<br>2. 机械设备操作人员未持有效证件上岗或违章作业。<br>3. 人员进入机械作业半径。<br>4. 电缆破损或设备漏电。 | 1. 按安全技术规范要求组织施工。<br>2. 岗前培训教育，风险告知，施工方案交底上岗情况检查落实到位。<br>3. 对设备及人员持有效资质证件上岗验收。<br>4. 查处"三违"行为，落实个体防护措施。<br>5. 对用电设备及线路进行验收。 |

续表

| 分部/分项工程 | 风险等级 | 施工作业内容 | 风险因素分析 | 风险防范控制措施 |
|---|---|---|---|---|
| 护角 | Ⅰ级 | 1. 护角制作。<br>2. 护角安装、锚固。<br>3. 混凝土浇筑。 | 1. 存在"三违"行为。<br>2. 焊工、电工未持有效证件上岗或违章作业。<br>3. 登高作业安全措施未落实。<br>4. 电缆破损或设备漏电。 | 1. 按安全技术规范要求组织施工。<br>2. 岗前培训教育、风险告知、施工方案交底工作落实到位。<br>3. 对设备及人员持有效资质证件上岗情况检查验收。<br>4. 及时制止"三违"行为，落实个体防护措施。<br>5. 对用电设备及线路进行验收。 |
| 附属设施 栏杆及系船柱 | Ⅰ级 | 1. 栏杆、系船柱（钩）。<br>2. 制作设施安装。 | 1. 存在"三违"行为。<br>2. 焊工、电工未持有效证件上岗或违章作业。<br>3. 登高作业安全措施及临边防护措施未落实。<br>4. 电缆破损或设备漏电。 | 1. 按安全技术规范要求组织施工。<br>2. 岗前培训教育、风险告知、施工方案交底工作落实到位。<br>3. 对设备及人员持有效资质证件上岗情况检查验收。<br>4. 及时制止"三违"行为，落实个体防护措施。<br>5. 对用电设备及线路进行验收。 |
| 护舷爬梯水尺安装 | Ⅰ级 | 1. 测量放线。<br>2. 护舷安装。<br>3. 爬梯安装。<br>4. 水尺安装。 | 1. 存在"三违"行为。<br>2. 焊工、电工未持有效证件上岗或违章作业。<br>3. 登高作业安全措施未落实。<br>4. 电缆破损或设备漏电。 | 1. 按安全技术规范要求组织施工。<br>2. 岗前培训教育、风险告知、施工方案交底工作落实到位。<br>3. 对设备及人员持有效资质证件上岗情况检查验收。<br>4. 及时制止"三违"行为，落实个体防护措施。<br>5. 对用电设备及线路进行验收。 |

表 5.4-2　引航道工程施工安全风险辨识评估及管控清单

| 分部/分项工程 | 风险等级 | 施工作业内容 | 风险因素分析 | 风险防范控制措施 |
|---|---|---|---|---|
| 航道与锚地 陆上开挖 | I级 | 1. 测量放线。<br>2. 陆上开挖。<br>3. 土石外运。 | 1. 施工方案不完善或未落实。<br>2. 教育交底及风险告知工作未落实。<br>3. 安全防护用品等未进行进场验收或验收不到位。<br>4. 现场无警示标识、安全防护用品不合格。<br>5. 存在"三违"行为。<br>6. 存在流砂、涌水、水冲、滑坡引起的塌方。<br>7. 停靠在围堰上的机械、车辆和过重的堆物。<br>8. 机械操作人员未持有效证书上岗、违章作业。<br>9. 设备带病作业。 | 1. 监督按照开挖方案实施，做好开工前安全交底。<br>2. 对安全防护用品及设施进行验收。<br>3. 开展岗前教育交底及风险防范应急培训或告知。<br>4. 对施工机械合格证及人员操作证书检查验收。<br>5. 及时制止"三违"行为、规范设置现场警示标牌。 |
| 航道与锚地 水下开挖 | II级 | 1. 定位立标。<br>2. 分段、分层开挖。 | 1. 施工方案不完善或未落实。<br>2. 教育交底及风险告知工作未落实。<br>3. 安全防护用品等未进行进场验收或验收不到位。<br>4. 现场无警示标识、安全防护用品不合格。<br>5. 存在"三违"行为。<br>6. 水上警示灯牌及助航标志不完善。<br>7. 船舶机械操作人员未持有效证书上岗、违章作业。<br>设备带病作业。 | 1. 监督按照开挖方案实施，做好开工前安全交底。<br>2. 对安全防护用品及设施进行验收。<br>3. 开展岗前教育交底及风险防范应急培训或告知。<br>4. 对施工船舶机械合格证及人员操作证书检查验收。<br>5. 及时制止"三违"行为、规范设置现场警示标牌。<br>6. 按照应急预案落实应急物资及人员。 |

续表

| 分部/分项工程 | 风险等级 | 施工作业内容 | 风险因素分析 | 风险防范控制措施 |
|---|---|---|---|---|
| 航道与锚地 现浇墩身 | Ⅲ级 | 1. 测量放线。<br>2. 移动模架拼装。<br>3. 钢筋模护面制安。<br>4. 模板安装。<br>5. 混凝土浇筑。<br>6. 拆模。<br>7. 模架移位。<br>8. 养护。 | 1. 作业人员违章作业，存在"三违"行为。<br>2. 使用不合格防护用品、设施或材料。<br>3. 电工、电焊工、架子工、起重工等特种作业人员未持有效证件上岗，作业人员疲劳作业。<br>4. 电器原配件电缆不达标线，路不规范。<br>5. 作业平台、通道安全防护不当或安全距离不足。<br>6. 监管不到位，未按照批准方案实施。<br>7. 移动模架及大型模版未组织验收，支护拉结不可靠，失稳。<br>8. 各类设备常病作业、违章作业。 | 1. 根据结构特征，依施工工艺和现行的有关要求合理设计模板及支撑体系，完善混凝土专项方案，按要求组织方案评审，落实施工前技术交底与安全交底，并严格按方案落实。<br>2. 模板、支架等材料进场后严格按照规定进行检查，验收，严禁不合格材料，配件投入使用。<br>3. 按方案和规范要求安拆高大模板，支撑架、支架等材料进行验收和预压，模板按要求安装高处作业平台和临边防护设施，作业平台和模板系统分离完成及时进行验收和预压。<br>4. 岗前培训教育、风险告知，施工方案交底工作落实到位。<br>5. 设备及人员持有效资质证件并核对验收。<br>6. 落实领导带班生产制度，及时制止"三违"行为。<br>7. 对安全防护、临时用电等进行验收。<br>8. 警示警示灯牌、风险告知牌等必须按方案设置。<br>9. 制订管控方案，明确管控重点，管控部门及管控人员。 |

第五章　风险管控措施及清单

续表

| 分部/分项工程 | 风险等级 | 施工作业内容 | 风险因素分析 | 风险防范控制措施 |
|---|---|---|---|---|
| 导航建筑物与靠船建筑物 现浇导航墙 | Ⅲ级 | 1. 支架搭设。<br>2. 钢筋安装。<br>3. 模板安装。<br>4. 混凝土浇筑。<br>5. 拆模养护。 | 1. 工具、模板管件材料吊运滑落打击。<br>2. 发电机、破损的电线、配电箱等导电触电。<br>3. 支架不稳、未组织验收。<br>4. 作业平台和安全通道防护措施不健全，进入现场人员跌落伤亡。<br>5. 个体安全防护未落实、存在"三违"行为。<br>6. 起重工、电工、焊工和设备操作人员未持有效证件上岗。<br>7. 警示警戒及安全防护措施未完善。 | 1. 按方案和规范要求安拆模板、支撑架，安装完成及时进行验收，模板按要求安装高处作业平台和临边防护设施，作业平台和模板系统分离。<br>2. 岗前培训教育、风险告知，施工方案交底作工作落实到位。<br>3. 设备及人员持有效资质证件上岗。<br>4. 落实领导带班生产制度、及时制止"三违"行为。<br>5. 警示警告灯牌、风险告知牌按方案设置。<br>6. 落实安管部门和管控人员。 |
| 护岸与护底 护底护坦 | Ⅰ级 | 1. 测量放线。<br>2. 钢筋绑扎。<br>3. 模板安装。<br>4. 混凝土浇筑。<br>5. 拆模养护。 | 1. 破损的电线、配电箱等导电触电。<br>2. 个体安全防护未落实、存在"三违"行为。<br>3. 电工、焊工及设备操作人员未持有效证件上岗。<br>4. 警示警戒及安全防护措施未完善。 | 1. 岗前培训教育、风险告知，施工方案交底作工作落实到位。<br>2. 设备及人员持有效资质证件上岗。<br>3. 加强巡查检查，及时制止"三违"行为，消除事故隐患。<br>4. 警示警告灯牌、风险告知牌按方案设置。 |

续表

| 分部/分项工程 | | 风险等级 | 施工作业内容 | 风险因素分析 | 风险防范控制措施 |
|---|---|---|---|---|---|
| 墙后工程 | 倒滤层 | I级 | 1. 放样。<br>2. 滤层铺设。<br>3. 整平。 | 1. 存在"三违"行为。<br>2. 机械设备操作人员未持有效证件上岗或违章作业。<br>3. 人员进入机械作业半径。 | 1. 按安全技术规范要求组织施工。<br>2. 岗前培训教育、风险告知、施工方案交底工作落实到位。<br>3. 对设备及人员持有效资质证件上岗情况检查验收。<br>4. 及时制止"三违"行为,落实个体防护措施。 |
| | 土石方回填 | I级 | 1. 土方运输。<br>2. 分层摊铺。<br>3. 分层压实。 | 1. 存在"三违"行为。<br>2. 机械设备操作人员未持有效证件上岗或违章作业。<br>3. 人员进入机械作业半径。 | 1. 按安全技术规范要求组织施工。<br>2. 岗前培训教育、风险告知、施工方案交底工作落实到位。<br>3. 对设备及人员持有效资质证件上岗情况检查验收。<br>4. 及时制止"三违"行为,落实个体防护措施。 |
| | 铺砌面层 | I级 | 1. 整平压实。<br>2. 垫层铺设。<br>3. 铺砌面层。 | 1. 存在"三违"行为。<br>2. 机械设备操作人员未持有效证件上岗或违章作业。<br>3. 人员进入机械作业半径。<br>4. 电缆破损或设备漏电。 | 1. 按安全技术规范要求组织施工。<br>2. 岗前培训教育、风险告知、施工方案交底工作落实到位。<br>3. 对设备及人员持有效资质证件上岗情况检查验收。<br>4. 及时制止"三违"行为,落实个体防护措施。<br>5. 对用电设备及线路进行验收。 |

第五章 风险管控措施及清单

## 表 5.4-3 闸门启闭机安装施工安全风险辨识评估及管控清单

| 分部/分项工程 | 施工作业内容 | 风险等级 | 风险因素分析 | 风险防范控制措施 |
|---|---|---|---|---|
| 闸门阀门金属结构工程 | 闸门阀门金属结构制作工厂化生产 | I级 | 1. 施工方案不完善或未落实。<br>2. 安全教育、培训、交底、检查制度不完善或未落实。<br>3. 安全防护用品等未进行进场验收或验收不到位。<br>4. 现场无警示标识（警戒区、标牌、反光锥等）或标识破损。<br>5. 个体防护措施未落实，存在"三违"行为。<br>6. 未设置防护设施（挡脚板、防护网等）或防护设施存在缺陷。<br>7. 电缆线、配电箱老化、电气设施设置不规范（线路破损、老化）、电气设施设置不规范。<br>8. 电气设施未进行进场验收。<br>9. 电工、焊工、起重工、信号工及船舶驾驶员、机械操作人员未持有效证件上岗或疲劳作业。<br>10. 高处作业场所未设置安全防护（措施（安全绳索、防坠网、栏杆等）。<br>11. 切割火花、油料无防护，易燃易爆物品与其他易燃物混存放现场，无灭火装置等。 | 1. 编制运输与安装专项施工方案，按规定做好相应方案评审，施工前落实安全技术交底与安全交底，并严格按方案落实。<br>2. 规范设备运输管理，明确运输路线，及时办理大件运输许可手续，按要求加固构件，完善场内、场外道路及交通安全设施。<br>3. 规范运输、吊装等设备验收，严禁不合格设备投入施工，并做好设备的日常检查、维护、保养。<br>4. 逐级落实作业前安全技术交底，依据安装方案要求落实各项措施，强化特种作业人员管理，确保特种作业人员持证上岗、规范操作。<br>5. 严格按照方案、规范等相关要求落实临时支撑设置，支撑后应及时检查验收，严禁未经允许拆除临时支撑。<br>6. 大型构件起吊施工中，吊机起吊位置选择要合理、减少占用场内运输，机械安装、机械吊装点、吊钩形式和位置符合方案、设计要求，必要时需进行试吊试验和试吊测试，避免发生起吊过程脱钩现象。<br>7. 强化交叉施工管理，建立交叉作业沟通协调机制，签署交叉作业安全管理协议，明确各自安全防护和管理职责，确保责任落实，防护未到位不施工。<br>8. 严格落实焊接工艺评定，并以此进行工序验收，启闭机及电气控制等各项施工过程的验收，强化闸阀门、启闭机安装施工工艺过程中的沟通协调，及时对接各专业施工工艺，安排各专业施工工艺，设备参数等，减少多专业交叉施工对工程的影响。 |

续表

| 分部/分项工程 | 风险等级 | 施工作业内容 | 风险因素分析 | 风险防范控制措施 |
|---|---|---|---|---|
| 闸门阀门金属结构工程 预埋件安装 | Ⅰ级 | 1. 起重设备就位。<br>2. 起吊。<br>3. 埋件位置预置。<br>4. 复核。<br>5. 加固埋件。<br>6. 混凝土浇筑。 | 1. 施工方案不完善或未落实。<br>2. 安全教育、培训、交底、检查制度不完善或未落实。<br>3. 安全防护用品等未进行进场验收或验收不到位。<br>4. 现场无警示标识（警戒区、标牌、反光锥等）或标识缺失。<br>5. 个体防护措施未落实，存在"三违"行为。<br>6. 未设置防护设施（挡脚板、防护网等），或防护设施存在缺陷。<br>7. 强风、暴雨、冰雹、大雾等不良天气。<br>8. 电缆线、配电箱等电气设施不合格（线路破损、老化）、电气设施设置不规范。<br>9. 电气设施材料、吊索吊具起重设备等未进行进场验收。<br>10. 电工、焊工、起重工、信号工及船舶驾驶员、机械操作人员未持有效证件上岗，或疲劳作业。<br>11. 高处作业场所未设置安全防护等措施（安全绳索、防坠网、栏杆等）。<br>12. 切割火花、油料无防护，易燃易爆物品与其他易燃物混存现场，无灭火装置。 | 1. 编制运输与安装专项施工方案，按规定做好相应方案评审，施工前落实交技与安全交底，并严格按方案落实。<br>2. 规范设备运输管理，明确运输路线，及时办理大件运输许可手续，按要求加固构件，完善场内场外道路及交通安全设施。<br>3. 规范运输、吊装等设备验收，严禁不合格设备投入施工，并做好设备的日常检查、维护、保养。<br>4. 逐级落实作业前安全技术交底，强化特种作业人员持证上岗，规范操作。<br>5. 严格按照方案要求落实临时拆除设施、支撑等应急预案，规范要求各验收，吊索吊卸未经允许不得使用。<br>6. 大型构件起吊作业时，吊装位置选择要合理，减少周边构筑物、设施、机械等对起重作业的影响，减少吊机起重运行距离、构件吊点、吊钩形式和位置应符合方案、设计要求，必要时需进行试吊吊测试，避免发生起吊过程脱钩现象。<br>7. 强化交叉施工管理，建立交叉作业沟通协调机制，签署交叉作业安全管理协议，明确各自安全防护和管理职责，确保责任不落实、防护未到位不施工。<br>8. 严格落实焊接工艺评定，并以此进行施工控制；加强出厂验收和施工过程的各项工序验收，强化阀门、启闭机及电气控制等各专业施工安排和施工工艺，及时对接各专业施工安排和施工工艺，设备参数等，减少多专业交叉施工对工程的影响。 |

续表

| 分部/分项工程 | 风险等级 | 施工作业内容 | 风险因素分析 | 风险防范控制措施 |
|---|---|---|---|---|
| 闸门阀门金属结构工程 止水安装 | Ⅰ级 | 1. 止水节制作。<br>2. 现场焊接安装。 | 1. 施工方案不完善或未落实。<br>2. 安全教育、培训、交底、检查制度不完善或未落实。<br>3. 安全防护用品等未进行进场验收或验收不到位。<br>4. 现场无警示标识（警戒区、标牌、反光锥等）或标识破损。<br>5. 个体防护措施未落实，存在"三违"行为。<br>6. 未设置防护设施（挡脚板、防护网等），或防护设施存在缺陷。<br>7. 强风、暴雨、冰雹、大雾等天气不良。<br>8. 电缆线、配电箱等电气设施不合格（线路破损、老化）、电气设施设置不规范。<br>9. 电气设施材料、吊索具及起重设备等未进行进场验收。<br>10. 电工、焊工、起重工、信号工及机械操作人员未持有效证件上岗，或疲劳作业。<br>11. 高处作业场所未设置安全防护等措施（安全绳索、防坠网、栏杆等）。<br>12. 切割火花、油料无防护，易燃易爆物品与其他易燃物混存放现场，无灭火装置等。 | 1. 施工前落实技术交底与安全交底，并严格按方案落实到位。<br>2. 按要求加固构件，完善场内、场外道路及交通安全设施。<br>3. 严禁不合格设备设施投入施工，并做好设备的日常检查、维护、保养。<br>4. 强化特种作业人员管理，确保特种作业人员持证上岗、规范操作。<br>5. 强化交叉施工管理，建立交叉作业沟通协调机制，签署交叉作业安全管理协议，明确各自安全防护和管理职责，确保责任未落实，防护未到位不施工。<br>6. 严格落实焊接工艺评定，并以此进行施工控制；加强出厂验收和施工过程中的各项工序验收。 |

续表

| 分部/分项工程 | 风险等级 | 施工作业内容 | 风险因素分析 | 风险防范控制措施 |
|---|---|---|---|---|
| 闸门阀门金属结构工程 | Ⅲ级 | 1. 起重设备就位。<br>2. 起吊。<br>3. 安装。<br>4. 落座。<br>5. 二期混凝土浇筑。 | 1. 施工方案不完善或未落实。<br>2. 安全教育、培训、交底、检查制度不完善或未落实。<br>3. 安全防护用品等未进行进场验收或验收不到位。<br>4. 现场无警示标识(警戒区、标牌、反光维等)或标识破损。<br>5. 个体防护措施未落实,存在"三违"行为。<br>6. 未设置防护网设施、或防护设施存在缺陷(挡脚板、防护网等)。<br>7. 强风、暴雨、冰雹、大雾等不良天气。<br>8. 电缆线、配电箱等电气设施不合格(线路破损、老化)、电气设施设置不规范。<br>9. 电气设施材料、吊索吊具起重设备等未进行进场验收。<br>10. 电工、焊工、起重工、信号工及机械操作人员未持有效证件上岗、或疲劳作业。<br>11. 高处作业场所未设置安全防护等措施(安全绳索、防坠网、栏杆等)。<br>12. 切割火花、油料无防护、易燃易爆物品与其他易燃物混存放现场、无灭火装置等。 | 1. 编制运输与安装专项施工方案,按规定做好相应方案评审,施工前落实技术交底与安全交底,并严格按方案落实。<br>2. 规范设备运输管理,明确运输路线,及时办理大件运输许可手续,按要求加固构件,完善扬内、扬外道路及交通安全设施,制订管控方案,明确管控重点,管控部门及管控人员。<br>3. 规范运输、吊装等设备验收,严禁不合格设备投入施工,并做好设备的日常检查,维护保养。<br>4. 逐级落实作业前安全技术交底,强化特种作业人员管理,规范操作。<br>5. 严格按照方案实施要求落实临时支撑设置、支撑方式持证上岗,规范操作。<br>6. 严格应及时检查验收,规范要求落实临时支撑设置,支撑后应及时检查验收,严禁未经允许拆除临时支撑。<br>7. 大型构件起吊施工中,吊机起吊位置要合理,减少周边构筑物、设施、机械等对起重要合理,减少吊机载重运行距离,构件吊点、吊钩形式和位置应符合方案,设计有要求,必要时需进行试吊测试,避免起吊过程发生脱钩现象。<br>8. 强化交叉实施工管理,建立交叉作业沟通协调机制,签署交叉作业安全管理协议,明确各自安全防护和管理职责,确保责任未落实、防护未到位不施工。<br>9. 严格落实焊接工艺评定,并以此进行施工控制;加强出厂验收和施工过程的各项工序验收;强化阀门、启闭机及电气控制等专业施工安排和施工工艺,及时对接各专业交叉施工,设备间的沟通协调,等减少多专业交叉施工对工程的影响。 |

第五章 风险管控措施及清单

097

续表

| 分部/分项工程 | 风险等级 | 施工作业内容 | 风险因素分析 | 风险防范控制措施 |
|---|---|---|---|---|
| 闸门阀门金属结构工程 门体安装 | Ⅲ级 | 1. 门体运输。<br>2. 起重设备就位。<br>3. 临时支点布设。<br>4. 门叶底节吊装临时固结。<br>5. 门叶中节吊装临时固结。<br>6. 门叶上节吊装临时固结。<br>7. 运转件连接调试。<br>8. 防腐施工。 | 1. 施工方案不完善或未落实。<br>2. 安全教育、培训、交底，检查制度不完善或未落实。<br>3. 安全防护用品等未进行进场验收或验收不到位。<br>4. 现场无警示标识（警戒区、标牌、反光锥等）或标识破损。<br>5. 个体防护措施未落实、规范操作。<br>6. 未设置防护设施，或防护设施存在缺陷（挡脚板、防护网等）。<br>7. 强风、暴雨、冰雹、大雾等不良天气。<br>8. 电缆线、配电箱等电气设施不合格（线路破损、老化）。电气设施设置不规范。<br>9. 电气设施材料、吊索吊具起重设备未进行进场验收。<br>10. 电工、焊工、船舶驾驶员、起重工、信号工及机械操作人员未持有效证件上岗，或疲劳作业。<br>11. 高处作业场所未设置安全防护等措施（安全绳索、防坠网、栏杆等）。<br>12. 切割火花、油料无防护，易燃易爆物品与其他易燃物混存放现场，无灭火装置等。 | 1. 编制运输与安装专项施工方案，按规定做好相应方案评审。施工前落实技术交底与安全交底，并严格按方案落实。<br>2. 规范设备运输管理，明确运输路线，及时办理大件运输许可手续，按要求加固构件，完善场内、场外道路及交通安全设施。<br>3. 规范输运、吊装等设备验收，严禁不合格设备投入施工，并做好设备的日常检查、维护、保养。<br>4. 逐级落实作业前安全技术交底，强化特种作业人员管理，依据安装方案要求种作业人员特证上岗，规范操作。<br>5. 严格按照日常检查验收、规范落实要求落实临时支撑设置，支撑后应及时检查验收，严禁未经许可拆除临时支撑。<br>6. 大型构件起吊施工中，吊机吊点位置选择要合理，减少周边构筑物、设施、机械等对作业的影响，签署交叉作业安全管理协议，明确各自作业防护和管理职责，确保责任未落实，防护不到位不施工。<br>7. 强化交叉作业安全管理，建立交叉作业沟通协制，签署交叉作业安全管理协议，明确各自安全防护和管理职责，确保责任未落实，防护不到位不施工。<br>8. 严格落实焊接工艺评定，并以此进行施工控制；加强出厂验收和施工过程中各项工序验收；强化闸门、启闭机及电气施工的沟通协调，反时对接各专业施工安排和施工工艺，减少对多专业交叉施工对工程的影响。 |

续表

| 分部/分项工程 | 风险等级 | 施工作业内容 | 风险因素分析 | 风险防范控制措施 |
|---|---|---|---|---|
| 闸门阀门金属结构工程 | Ⅰ级 | 1. 起重设备就位。<br>2. 起吊。<br>3. 安装。<br>4. 落座。 | 1. 施工方案不完善或未落实。<br>2. 安全教育、培训、交底、检查制度不完善或未落实。<br>3. 安全防护用品等未进行进场验收或验收不到位。<br>4. 现场无警示标识(警戒区、标牌、反光锥等)或标识破损。<br>5. 个体防护措施未落实。<br>6. 未设置防护设施，或防护设施存在缺陷(挡脚板、防护网等)。<br>7. 强风、暴雨、冰雹、大雾等不良天气。<br>8. 电缆线、配电箱等电气设施不合格(线路破损、老化)，电气设施设置不规范。<br>9. 电气设施材料、吊索吊具起重设备未进行进场验收。<br>10. 电工、焊工、起重工、信号工及机械操作人员未持有效证件上岗，或疲劳作业。<br>11. 高处作业场所未设置安全防护等措施(安全绳索、防坠网、栏杆等)。<br>12. 切割火花、油料无防护，易燃易爆物品与其他易燃物混存放现场，无灭火装置等。 | 1. 施工前落实技术交底与安全交底，并严格按方案落实到位。<br>2. 按要求加固构件、完善场内，场外道路及交通安全设施。<br>3. 严禁不合格设备投入施工，并做好设备的日常检查、维护、保养。<br>4. 强化特种作业人员管理，确保特种人员持证上岗，规范操作。<br>5. 强化交叉施工管理，建立交叉作业沟通协调机制，签署交叉作业安全管理协议，明确各自安全防护和管理职责，确保责任未落实，防护未到位不施工。<br>6. 严格落实焊接工艺评定，并以此为进行施工控制；加强出厂验收和施工过程的各项工序验收。 |

续表

| 分部/分项工程 | 风险等级 | 施工作业内容 | 风险因素分析 | 风险防范控制措施 |
|---|---|---|---|---|
| 闸阀门试运行 金属结构工程 | Ⅰ级 | 闸阀门试运行 | 1. 施工方案、应急预案不完善或未落实。<br>2. 安全教育、培训、交底、检查制度不完善或未落实。<br>3. 安全防护用品等未进行进场验收或验收不到位。<br>4. 现场无警示标识或标识破损、救生设施不足。<br>5. 个体防护措施未落实，存在"三违"行为。<br>6. 未设置防护设施、或防护设施存在缺陷。<br>7. 电缆线、配电箱等电气设施设置不合格（线路破损、老化）、电气设施设置不规范。<br>8. 机械操作人员未持有效证件上岗，或疲劳作业。<br>9. 高处作业场所未设置安全防护等措施，未设置人员上下安全爬梯或设置不规范。 | 1. 施工前落实技术交底与安全交底，并严格按试运行方案落实。<br>2. 强化特种作业人员管理，确保特种作业人员持证上岗，规范操作。<br>3. 强化交叉施工管理，建立交叉作业沟通协调机制，签署交叉作业管理协议，明确各自安全防护和管理职责，确保责任未落实、防护未到位不施工。<br>4. 加强救生设施、个体防护、临时用电等方面的检查验收管理。<br>5. 落实试运行工作责任部门及人员。 |

续表

| 分部/分项工程 | 风险等级 | 施工作业内容 | 风险因素分析 | 风险防范控制措施 |
|---|---|---|---|---|
| 启闭装置 | Ⅰ级 | 启闭装置制造（工厂化生产） | 1. 施工方案不完善或未落实。<br>2. 安全教育、培训、交底、检查制度不完善或未落实。<br>3. 安全防护用品等未进行进场验收或验收不到位。<br>4. 现场无警示标识（警戒区、标牌、反光标等）或标识破损。<br>5. 个体防护措施不落实，存在"三违"行为。<br>6. 未设置防护设施，或防护设施存在缺陷（挡脚板、防护网等）。<br>7. 电缆线、配电箱等电气设施不合格（线路破损、老化）、电气设施设置不规范。<br>8. 电气设施材料、吊索吊具等设备未进行进场验收。<br>9. 电工、焊工、船舶驾驶员、信号工及机械操作人员未持有效证件上岗，或疲劳作业。<br>10. 高处作业场所未设置安全防护等措施（安全绳索、防坠网、栏杆等）。<br>11. 切割火花、油料无防护、易燃易爆物品与其他易燃物混存放现场、无灭火装置等。 | 1. 编制运输与安装专项施工方案，按规定做好相应方案评审，施工前落实技术交底与安全交底，并严格executes方案落实。<br>2. 规范设备运输管理，明确运输路线，及时办理大件运输许可手续，按要求加固构件，完善场内、场外道路及交通安全设施。<br>3. 规范运输、吊装等设备验收，严禁不合格设备投入施工，并做好设备的日常检查、维护、保养。<br>4. 强化特种作业人员管理，确保特种作业人员持证上岗、规范操作。<br>5. 大型构件起吊施工中，吊机起吊位置选择要合理，减少同边构筑物、设施、机械等对起重作业的影响，减少吊机载重运行距离，构件吊点、吊钩形式和位置应符合方案要求，必要时需进行试吊测试，避免起吊过程发生脱钩现象。<br>6. 强化交叉施工管理，建立交叉作业安全管理协议，签署交叉作业管理职责，明确各自安全防护和管理责任，防护责任未落实、防护未到位不施工。<br>7. 严格落实焊接工艺评定，并以此进行施工控制；加强出厂验收和施工过程中各项工序验收；强化启闭机及电气控制各专业间的沟通协调，及时对接各专业施工安排和施工工艺、设备参数等，减少多专业交叉施工对工程的影响。 |

续表

| 分部/分项工程 | 风险等级 | 施工作业内容 | 风险因素分析 | 风险防范控制措施 |
|---|---|---|---|---|
| 启闭装置安装 | Ⅰ级 | 1. 起重设备就位。<br>2. 起吊。<br>3. 埋件位置预置、复核。<br>4. 加固埋件。<br>5. 混凝土浇筑。 | 1. 施工方案不完善或未落实。<br>2. 安全教育、培训、交底、检查制度不完善或未落实。<br>3. 安全防护用品等未进行进场验收或验收不到位。<br>4. 现场无警示标识（警戒区、标牌、反光锥等或标识破损。<br>5. 个体防护措施未落实，或防护设施存在缺陷（挡脚板、防护网等）。<br>6. 未设置防护设施，或防护设施存在缺陷（挡脚板、防护网等）。<br>7. 强风、暴雨、冰雹、大雾等不良天气。<br>8. 电缆线、配电箱等电气设施不合格（线路破损、老化）、电气设施设置不规范。<br>9. 电气设施材料、吊索具起重设备等未进行进场验收。<br>10. 电工、焊工、起重工、信号工及机械操作人员未持有效证件上岗，或疲劳作业。<br>11. 高处作业现场未设置安全防护措施（安全绳索、防坠网、栏杆等）。<br>12. 切割火花、油料无防护、易燃易爆物品与其他易燃物混存放现场、无灭火装置等。 | 1. 编制运输与安装专项施工方案，按规定做好相应方案评审，施工前落实技术交底与安全交底，并严格按方案施工。<br>2. 规范设备运输管理，明确运输路线，及时办理大件运输许可手续，按要求加固构件，完善场内、场外道路及交通安全设施。<br>3. 规范运输、吊装等设备的日常检查、维护、保养。严禁不合格设备投入施工，并做好设备的日常检查、维护、保养。<br>4. 强化特种作业人员管理，确保特种作业人员持证上岗、规范操作。<br>5. 严格应及时检查验收，规范要求落实临时支撑设置，支撑按照方案要求落实，严禁未经允许拆除临时的支撑。<br>6. 强化交叉作业管理，建立交叉作业沟通协调机制，签署交叉作业安全管理协议，明确各自安全防护和管理职责，确保责任未落实、防护未到位不施工。<br>7. 严格落实焊接工艺评定，并以此进行施工控制，加强出厂验收和施工过程中各项工序验收；强化阀门、启闭机及电气控制等各专业施工安排和调度，及时对接各专业施工交叉安排和施工工艺，设备参数及对接各专业交叉施工对工程的影响。<br>8. 加强临时用电、高空作业安全防护等方面的检查验收。 |

续表

| 分部/分项工程 | 风险等级 | 施工作业内容 | 风险因素分析 | 风险防范控制措施 |
|---|---|---|---|---|
| 启闭机安装装置 | Ⅲ级 | 1. 起重设备就位。<br>2. 起吊。<br>3. 安装。<br>4. 落座。<br>5. 连接闸（阀）门。<br>6. 防腐。 | 1. 施工方案不完善或未落实。<br>2. 安全教育、培训、交底、检查制度不完善或未落实。<br>3. 安全防护用品等未进行进场验收或验收不到位。<br>4. 现场无警示标识（警戒区、标牌、反光锥等）或标识破损。<br>5. 个体防护措施未落实，存在"三违"行为。<br>6. 未设置防护设施、防护设施存在缺陷（挡脚板、防护网等）。<br>7. 强风、暴雨、冰雹、大雾等不良天气。<br>8. 电缆线、配电箱等电气设施不合格（线路破损、老化）、电气设施设置不规范。<br>9. 电气设施进场验收。<br>10. 电工、焊工、起重工、信号工及机械操作人员未持有效证件上岗，或疲劳作业。<br>11. 高处作业场所未设置安全防护等措施（安全帽索、防坠网、栏杆等）。<br>12. 切割火花、油料无防护，易燃易爆物品与其他易燃物混存放现场，无灭火装置等。 | 1. 编制运输与安装专项施工方案，按规定做好相应方案评审，施工前落实技术交底与安全交底，并严格按方案办理。<br>2. 规范设备运输管理，明确运输路线，及时办理大件运输许可手续，按要求加固构件，完善场内、场外道路及交通安全设施。<br>3. 规范运输、吊装等设备的日常检查、维护、保养，严禁不合格设备设施投入施工，并做好设备的日常检查、维护、保养。<br>4. 强化特种作业人员管理，确保特种作业人员持证上岗、规范操作。<br>5. 严格按照方案、规范要求落实临时支撑设置，支撑后应及时落实验收，严禁未经许可拆除临时支撑。<br>6. 强化交叉施工管理，建立交叉作业沟通协调机制，签署交叉作业安全管理协议，明确各自安全防护和管理职责，确保责任未落实，防护未到位不施工。<br>7. 严格落实焊接工艺评定，并以此为依据进行施工控制，加强出厂验收和施工过程的各项工序验收；强化启闭机及电气控制等专业间的沟通协调，及时对接各专业施工安排和施工工艺、设备参数等，减少多专业交叉施工对工程的影响。<br>8. 加强临时用电、高空作业安全防护等方面的检查管理。<br>9. 落实安装管控部门及管控人员。 |

第五章 风险管控措施及清单

103

续表

| 分部/分项工程 | 风险等级 | 施工作业内容 | 风险因素分析 | 风险防范控制措施 |
|---|---|---|---|---|
| 启闭装置液压缸安装 | Ⅰ级 | 1. 起重机就位。<br>2. 液压缸吊装。<br>3. 检查固定。 | 1. 安全教育、培训、交底、检查制度不完善或未落实。<br>2. 安全防护用品等未进行进场验收或验收不到位。<br>3. 个体防护措施未落实，存在"三违"行为。<br>4. 现场无警示标识或标识破损（警戒区、标牌反光锥等）。<br>5. 强风、暴雨、冰雹、大雾等不良天气。<br>6. 电缆线、配电箱等电气设施不合格（线路破损、老化）。<br>7. 吊索具起重设备未进行进场验收。<br>8. 电工、焊工、起重工、信号工及机械操作人员未持有效证件上岗，或疲劳作业。<br>9. 高处作业场所未设置安全防护等措施（安全绳索、防坠网、栏杆等）。<br>10. 切割火花、油料无防护，易燃易爆物品与其他易燃物混存放现场，无灭火装置等。 | 1. 编制运输与安装专项施工方案，按规定做好相应方案评审，施工前落实技术交底与安全交底，并严格按方案执行。<br>2. 规范设备运输管理，明确运输路线，及时办理大件运输许可手续，按要求加固构件，完善场内、场外道路及交通安全设施。<br>3. 规范运输、吊装等设备验收，严禁不合格设备投入施工，并做好设备的日常检查、维护、保养。<br>4. 强化特种作业人员管理，确保特种作业人员持证上岗，规范操作。<br>5. 强化交叉施工管理，建立安全作业沟通协调机制，签署交叉作业安全管理协议，明确各自安全防护和管理职责，确保责任未落实，防护未到位的不施工。<br>6. 加强临时用电、高空作业安全防护等方面的检查验收管理。 |

续表

| 分部/分项工程 | 风险等级 | 施工作业内容 | 风险因素分析 | 风险防范控制措施 |
|---|---|---|---|---|
| 启闭装置 | Ⅰ级 | 启闭机试运行 | 1. 施工方案、应急预案不完善或未落实。<br>2. 安全教育、培训、交底、检查制度不完善或未落实。<br>3. 安全防护用品等未进行进场验收或验收不到位。<br>4. 现场无警示标识或标识破损，救生设施不足。<br>5. 个体防护措施未落实，存在"三违"行为。<br>6. 未设置防护设施，或防护设施存在缺陷。<br>7. 电缆线、配电箱等电气设施不合格。<br>8. 机械操作人员未持有效证件上岗，或疲劳作业。<br>9. 高处作业场所未设置安全防护等措施，未设置人员上下安全爬梯或设置不规范。 | 1. 施工前落实技术交底与安全交底，并严格按试运行方案落实。<br>2. 强化特种作业人员管理，确保特种作业人员持证上岗、规范操作。<br>3. 强化交叉施工管理，建立交叉作业沟通协调机制，签署交叉作业安全管理协议，明确各自安全防护和管理职责，确保责任未落实、防护未到位不施工。<br>4. 加强救生设施、个体防护、临时用电等方面的检查验收管理。<br>5. 落实运行工作管控部门和管控人员。 |

安全风险管控指南 一、船闸扩容改造工程

表5.4-4 跨闸桥梁施工安全风险辨识评估及管控清单

| 分部/分项工程 | 风险等级 | 施工作业内容 | 风险因素分析 | 风险防范控制措施 |
|---|---|---|---|---|
| 老桥拆除工程老桥拆除 | Ⅲ级 | 1. 清除桥面附属钻孔吊装点孔洞。<br>2. 丁梁临时固定。<br>3. 封航、清除接缝混凝土、切割接缝钢筋。<br>4. 起重设备就位、吊装作业。<br>5. 按顺序吊装拆解、指定位置拆除。 | 1. 施工方案不完善或未落实，监管人员未落实。<br>2. 施工前未开展安全生产条件核查或安全条件不完善。<br>3. 未对专项施工方案进行施工安全技术交底。<br>4. 未办理封航、中断交通相关手续、现场制措施不到位。<br>5. 进场的机械设备及特种作业人员未经查验合格，存在"三违"行为。<br>6. 安全防护设施未按照要求进行落实，警示警戒措施不到位。<br>7. 强风、暴雨、冰雹、大雾等不良天气。<br>8. 电缆线、配电箱等电气设施不合格（线路破损、老化）或电气设施设置不规范。<br>9. 电工、焊工、起重工、信号工及船舶驾驶员，机械操作人员未持有效证件上岗，或疲劳作业。<br>10. 高处作业场所未设置安全防护等措施（安全绳索（防坠网、栏杆等）。<br>11. 切割火花、油料无防护，易燃易爆物品与其他易燃物混存放现场，无灭火装置等。 | 1. 编制专项施工方案，按规定做好相应方案评审，施工前备齐技术交底与安全交底，并严格按方案要求实，落实现场监管人员及专职安全员。<br>2. 规范起重吊装、切割、吊具及钢丝绳等设备验收，严禁不合格设备投入施工，并做好设备的日常保养、维护保养。<br>3. 组织开展安全条件核查，办理施工许可手续，逐级落实作业前安全技术交底，依据批准的方案要求落实临时固定等各项措施，强化特种作业人员持证上岗，确保特种作业人员持证上岗，规范操作。<br>4. 大型构件起吊过程中，吊机起吊位置选择要合理，减少周边构筑物、设施，机械等对起重作业的影响，减少吊机载重运行距离，构件吊点、吊钩形式和位置应符合方案，设计单位过程发生脱钩倒塌现象。<br>5. 强化交叉施工管理，建立交叉作业沟通协调机制，签署交叉作业安全管理协议，明确各自安全防护和管理职责，确保责任未落实、防护未到位不施工。<br>6. 抓好应急管理，做好应急准备。 |

106

续表

| 分部/分项工程 | 风险等级 | 施工作业内容 | 风险因素分析 | 风险防范控制措施 |
|---|---|---|---|---|
| 老闸拆除 | Ⅲ级 | 1. 构筑围堰。<br>2. 拆除导航墙。<br>3. 抽排一线闸室水、凿除闸首、闸墙及底板。 | 1. 施工方案不完善或未落实、监管人员未落实。<br>2. 施工前未开展安全生产条件核查及不具备安全条件。<br>3. 未开展安全技术交底。<br>4. 现场监管责任不落实。<br>5. 机械操作人员疲劳作业、存在"三违"行为。<br>6. 警示警戒措施不到位，工人闯入拆除区域。<br>7. 强风、暴雨、大雾等不良天气。<br>8. 未按批准流程实施拆除作业。 | 1. 编制专项施工方案，按规定做好方案评审，并严格按方案流程实施拆除作业。<br>2. 组织开展安全条件核查，落实作业前安全技术交底，强化特种作业人员、设备管理、确保特种作业人员、设备证书有效，规范操作。<br>3. 建立交文作业协调机制，签署交文作业安全职协议。<br>4. 落实监管人员及专职安全员。<br>5. 落实拆除应急措施、警示设施。 |
| 砼箱梁制作及预制安装 | Ⅲ级（1.5联汽车吊） | 1. 打通运输便道。<br>2. 起重设备就位。<br>3. 支座安装。<br>4. 箱梁按顺序吊装到位。 | 1. 箱梁运输便道注注不平或较弱。<br>2. 吊梁、架设设备维保、验收手续不健全，导致设备带病作业，支腿未完全打开或处于不平稳状态，支表再承载能力不足不匹配。<br>3. 吊具及钢丝绳未验收、存在缺陷或不匹配。<br>4. 未按批准吊装方案方式安全吊运、吊点不合理。<br>5. 监管缺失、安全警戒、警示措施不到位。<br>6. 特种设备及作业人员未持证上岗、违章作业。<br>7. 特殊灾害天气影响。<br>8. 安全条件核查未开展、教育交底风险告知未落实。 | 1. 编制专项施工方案，按规定做好方案评审，并严格按方案组织施工。<br>2. 严格安全条件核查，落实作业前安全技术交底风险告知工作。<br>3. 强化特种作业人员及设备检查验收，确保特种人员设备证书有效，规范操作。<br>4. 建立交文作业协调机制，签署交文作业安全职协议。<br>5. 落实吊装区域安全警戒、警示设施，确保安全距离。<br>4. 落实吊装区域安全警戒，确保作业周边环境，特殊天气停止作业。<br>5. 落实应急措施，特殊天气停止作业。 |

第五章 风险管控措施及清单

107

续表

| 分部/分项工程 | 风险等级 | 施工作业内容 | 风险因素分析 | 风险防范控制措施 |
|---|---|---|---|---|
| 砼箱梁安装（第3联架桥机） | Ⅲ级 | 1. 起重设备就位。<br>2. 架桥机安装调试，验收。<br>3. 支座安装。<br>4. 箱梁吊运及安装。 | 1. 吊梁、架梁设备维保、验收手续不健全，导致设备带病作业，支腿未完全打开或处于不平稳状态，支承面承载能力不匹配。<br>2. 吊具及钢丝绳未验收，存在缺陷能力不足。<br>3. 架桥机安装固定不可靠，支腿不稳等。<br>4. 架桥机、起重机及操作人员检查验收不到位，未持证上岗，违章作业。<br>5. 监督缺失，未建立交叉警戒警示措施不到位。<br>6. 特殊灾害天气影响。<br>7. 安全条件核查未开展、教育交底风险告知未落实。 | 1. 编制专项施工方案，按规定做好方案评审，并严格按方案组织施工。<br>2. 严格安全条件核查，落实作业前安全技术交底风险告知工作。<br>3. 强化特种证书有效、规范操作、确保特种人员设备验收，未经验收不得使用。<br>4. 落实监督、签署交叉专职安全员。<br>5. 落实吊装作业区域安全警戒，警示设施、检查吊装作业同边环境确保安全距离。<br>6. 落实应急措施，特殊天气停止作业。 |
| 钢箱梁制作及预制安装（顶推） | Ⅲ级 | 1. 场外运输钢箱梁至现场。<br>2. 顶推支架施工。<br>3. 钢导梁及顶推设备安装。<br>4. 实施顶推钢箱梁就位。 | 1. 起重设备带病作业或支腿不平稳、基地承载不够。<br>2. 吊具及钢丝绳安装固定不可靠，存在缺陷能力不匹配。<br>3. 顶推设备安装固定不可靠。<br>4. 起重机及操作人员未持证上岗、违章作业。<br>5. 监督缺失、安全警戒、警示措施不到位。<br>6. 特殊灾害天气影响。<br>7. 安全条件核查未开展、教育交底风险告知未落实。<br>8. 顶推方案不完善或未落实。 | 1. 编制专项施工方案，按规定做好方案评审，并严格按方案组织施工。<br>2. 严格安全条件核查，落实作业前安全技术交底风险告知工作。<br>3. 强化特种作业人员及设备检查验收，确保特种人员设备验收、规范操作，顶推设备安装完成必须组织验收，未经验收不得使用。<br>4. 落实监督、签署交叉作业安全管理协调机制。<br>5. 落实施工区域安全警戒、警示设施，确保安全距离。<br>6. 落实应急措施，特殊天气停止作业。 |

108

续表

| 分部/分项工程 | 风险等级 | 施工作业内容 | 风险因素分析 | 风险防范控制措施 |
|---|---|---|---|---|
| 人行桥钢结构系杆拱吊装 | Ⅱ级 | 1. 系杆拱钢结构现场拼装。<br>2. 起重设备就位试吊。<br>3. 系杆拱结构吊装就位。 | 1. 系杆拱钢结构吊装前质量未验收。<br>2. 吊装方案不完善或未落实。<br>3. 特种设备及人员未持证上岗，起重设备带病作业或支腿不平稳，基地承载不够。<br>4. 监管缺失、安全防护警戒措施不到位，违章作业。<br>5. 未对吊具、钢丝绳、设备进行验收。<br>6. 特殊天气及周边环境影响。<br>7. 安全条件核查未开展，教育交底风险告知未落实。 | 1. 编制专项施工方案，按规定做好方案评审，并严格按方案组织施工。<br>2. 严格安全条件核查，落实作业前安全技术交底风险告知工作。<br>3. 严格特种设备、人员及吊具、钢丝绳等验收，确保特种作业人员设备证书有效，规范操作。<br>4. 落实监管人员及专职安全员、建立交叉作业协调机制，签署交叉安全管理协议。<br>5. 落实施工区域安全警戒、警示设施，检查吊装作业周边环境，确保安全距离。<br>6. 落实应急措施，特殊天气停止作业。 |

第五章 风险管控措施及清单

109

表 5.4-5 配电房施工安全风险辨识评估及管控清单

| 分部/分项工程 | 风险等级 | 施工作业内容 | 风险因素分析 | 风险防范控制措施 |
|---|---|---|---|---|
| 配电房 基础 | Ⅰ级 | 1. 场地清理。<br>2. 静压方桩。<br>3. 基础垫层。<br>4. 立模板。<br>5. 基础浇筑。 | 1. 桩机起重吊装违章作业。<br>2. 特种设备、人员未持证上岗。<br>3. 临时用电布线安全距离不规范。<br>4. 起重设备、静压桩机未检查验收。<br>5. 教育交底风险告知未到位。 | 1. 严格按方案组织施工。<br>2. 严格安全条件检查，组织安全技术交底，风险告知工作。<br>3. 查验特种设备、人员，确保持证上岗。<br>4. 落实监管人员，及时制止"三违"行为。<br>5. 规范设置安全防护设施。 |
| 配电房 主体框架 | Ⅱ级 | 1. 支架搭设。<br>2. 模板施工。<br>3. 钢筋绑扎。<br>4. 混凝土。 | 1. 支架、脚手架方案不完善或未按方案实施。<br>2. 特种设备、人员未持证上岗。<br>3. 临近用电布线安全距离不规范。<br>4. 临近高压线安全距离不规范。<br>5. 高空安全防护措施未落实。<br>6. 个人安全防护用品未穿戴。<br>7. 机械设备带病作业。<br>8. 随意拆除支架、脚手架杆件、连墙作业未按要求设置、支架基础未压实。<br>9. 专项方案未交底、风险告知未开展。 | 1. 编制专项施工方案，按规定做好方案评审，并严格按方案组织施工。<br>2. 严格安全条件检查，落实作业前安全技术交底、风险告知工作。<br>3. 对支架、脚手架分阶段检查验收挂牌使用，对特种设备及人员按要求分类查验资格证书，确保持证上岗。<br>4. 落实监管人员及专职安全员。<br>5. 落实施工区域安全警戒、警示设施，检查吊装作业周边环境，确保安全距离。<br>6. 落实应急措施，特殊天气停止作业。 |

表 5.4-6 风险告知卡(示例)

| 风险点名称 | | | |
|---|---|---|---|
| 风险等级 | 起重机 | 危险介质 | 电能、势能、动能 |
| | B级风险 | 危害表现 | 1. 起动机安全防护装置失效。<br>2. 非本岗位人员误操作。<br>3. 钢丝绳损坏。<br>4. 吊装物下站人。 |
| 疏散路线 | | 应急措施 | 1. 制定应急预案,定期开展应演练。<br>2. 发生起重事故,应迅速组织人员进行现场救援。<br>3. 将事故情况立即报告主管部门及领导。<br>4. 发生人身伤亡,应积极组织抢救伤员(注意抢救方式)并拨打120急救电话。<br>5. 保护好事故现场。 |
| 责任单位 | | 主要风险控制措施 | 1. 严格执行规章制度和操作规程,佩戴安全防护用具。<br>2. 操作人员应取得资格证书,对操作机操作)安全防护培训。<br>3. 制订安全风险管控(起重机操作)安全检查表,加强现场检查,及时整改问题。<br>4. 按规定及时维护、保养。<br>5. 制订起重机事故应急预案。 |
| | | 主要事故类型 | 起重伤害、触电、高处坠落、倾倒 |
| 责任人联系电话 | | | 安全标志 |

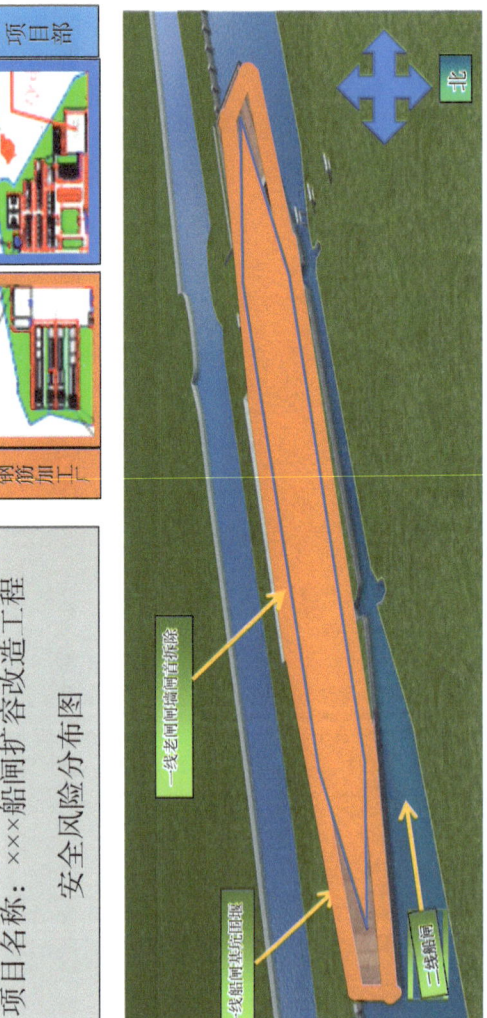

图 5.4-1 安全风险分级管控平面图(示例)

# 第六章

## 安全风险网格化管理要求

## 6.1　管理模式

网格化安全管理模式,是建立建设单位、监理单位、施工单位三个层级的安全管理网格,各级网格设总网格长,各级单位根据项目实际情况,将整个作业区划分为若干个横向单元网格责任区,每个责任区设网格长、网格管理员、网格安全员和群安员,通过网格考核机制,达到"横向到边、纵向到底"的一种安全管理体系。

## 6.2　遵循原则

项目网格化安全管理遵循"全面覆盖、责任到人、迅速响应、安全隐患零容忍"的原则。

## 6.3　网格化组织体系设置

项目网格化安全管理组织体系分项目指挥部、总监办及项目部三个层级设置。

6.3.1　一级网格,总网格长由现场指挥长担任,网格长由指挥部其他领导成员担任,网格管理员由各部门负责人担任。

6.3.2　二级网格,总网格长由总监办总监担任,网格长由总监办其他领导成员担任,网格管理员由各专业监理担任。

6.3.3　三级网格,总网格长由项目经理担任,网格长由项目书记、副经理、总工、安全总监等其他领导成员担任,网格管理员由项目部部门或工区负责人担任,网格安全员由项目部专职安全员担任。项目部应根据实际情况划定细分网格,管理人员由网格长、网格管理员、网格安全员、网格群安员组成,同时应明确各岗位职责。网格群安员宜由班组安全员或现场安全意识较高、生产经验丰富的作业人员担任。

## 6.4 工作职责

6.4.1 总网格长作为本层级安全生产工作的第一责任人,总体统筹本层级网格化安全管理工作的实施。网格长按照工作分工对分管网格区域的工作开展进行指导、管理和监督。网格管理员每日部署、督导、检查、评价网格内的安全生产工作。

6.4.2 第三级网格的网格管理员对网格安全员及网格群安员的工作质量进行分析评价。网格安全员根据分工,负责各自区域每日安全生产管理工作的检查和实施,保持项目部各部门与网格内各班组之间安全管理的沟通联系。网格群安员按项目部制度每日落实各自责任区域的安全生产措施,及时向网格安全员或网格管理员反馈安全生产信息。

6.4.3 各网格人员按照分工履行各自的工作职责,具体如下：

（一）总网格长工作职责包括但不限于以下内容：负责建立本级安全生产管理网格,领导本级网格责任人全面落实本级网格工作任务,对下属网格工作进行检查和管理,接受上级网格的监督和指导。认真执行安全生产的各项法律法规及规章制度,落实法律法规赋予的安全生产职责,负责网格责任区内的安全生产管理工作。负责组织网格内班组考核和责任制考核;按"险长制"要求组织并督促开展施工风险分级管控;定期召开责任区域内的安全生产工作会议;组织施工现场安全、消防检查,准确掌握网格内的安全生产情况,及时解决存在的隐患问题;在权限范围内组织现场应急处置。

(二)网格长工作职责包括但不限于以下内容:在总网格长的领导下,具体落实本级网格安全生产管理工作,对下属网格进行检查和管理,接受上级网格的监督和指导。认真执行安全生产的各项法律法规及规章制度,落实法律法规赋予的安全生产职责,组织网格责任区内的安全生产管理工作。组织开展施工风险辨识、管理活动;布置危大工程全过程管理工作;落实施工现场安全、消防检查,准确掌握网格内的安全生产情况,及时报告并解决存在的隐患问题;参与组织实施现场应急处置工作;具体组织网格内班组考核和责任制考核。

(三)一、二级网格的网格管理员工作职责包括但不限于以下内容:在网格管理责任人的领导下,具体落实本级网格安全生产管理工作,对下级网格进行检查和管理,接受上级网格的监督和指导。认真执行安全生产的各项法律法规及规章制度,落实法律法规赋予的安全生产职责,监督网格责任区内的安全生产管理工作;落实施工现场安全、消防检查,准确掌握网格内的安全生产情况,及时上报并解决存在的隐患问题,检查落实施工风险辨识、管理活动,开展危大工程全过程管理工作,参加现场应急处置工作,落实班组考核和责任制考核措施。

(四)三级网格的网格管理员工作职责包括但不限于以下内容:全面负责本网格区域内的安全生产组织管理工作,参与网格安全员及网格群安员的考核工作,收集整理班组考核和责任制考核资料。督促相关单位及时将作业人员进退场情况向项目部报备。组织作业人员进行岗前安全质量教育培训,对作业人员未经培训上岗承担直接管理责任。组织开展三级安全技术交底。落实施工风险分级管控措施。落实危大工程全过程管理措施。指导班前安全讲话、班后总结活动的开展,对网格区域内各班组作业实行班中检查指导,推进班组活动质量的提升。组织网格内打击惯性违章违规行为及触碰安全质量"红线"行为的活动。负责本网格区域内的迎检工作,认真配合上级安全质量检查,督促安全质量隐患及时整改。及时如实报告重大事故隐患或安全质量突发事故,配合事故和隐患调查处理。

(五)网格安全员工作职责包括但不限于以下内容:保持项目部各部门与网格内各班组之间安全管理的沟通联系。密切动态掌握本网格区域内所有作业人员的分布情况、健康体检情况,督促相关单位及时将作业人员进退场情况向项目部报备。落实作业人员岗前安全质量教育培训,并做好日常核查工作。参与三级安全技术交底,配合建立三级安全交底台账。监督班前安全讲话、班后总结活动的开展,从临时用电、机械设备、防护设施、作业环境等方面开展班中检查,协助网格管理员推进班组活动质量的提升,定时对本网格内安全生产情况开展检查。监督网格内作业人员正确佩戴和使用劳动防护用品。负责网格内日常安全质量巡查,及时制止惯性违章违规行为及触碰安全质量"红线"行为。具体落实本网格内危险源辨识和评估,督促落实危险源分级管控措施。配合网格管理员落实本网格区域内的迎检工作,监督安全质量隐患及时整改,负责本网格区域内一般隐患的整改验收。及时如实报告重大事故隐患或安全质量突发事故,配合事故和隐患调查处理。及时记录本网格日常安全生产工作情况,并向上级管理人员报告。认真落实网格管理员及项目部的其他工作部署。

(六)网格群安员工作职责包括但不限于以下内容:密切动态掌握本网格区域内所有作业人员的分布情况、健康体检情况,督促相关单位及时将作业人员进退场情况向项目部报备。组织作业人员进行岗前安全质量教育培训,并做好日常核查工作。参与三级安全技术交底,及时收集交底记录,配合建立三级安全交底台账。组织、监督班前安全讲话及班后总结的开展,并按要求报送班前讲话相关照片或影像资料。监督和落实网格内作业人员正确佩戴和使用劳动防护用品,保证劳保用品佩戴规范和到位。进行网格内日常安全质量巡查,及时制止惯性违章违规行为及触碰安全质量"红线"行为。协助开展本网格内危险源辨识和评估,督促落实本单位重大危险源的安全管理措施。配合网格管理员落实本网格区域内的迎检工作,落实安全质量隐患整改并及时回复。及时如实报告重大事故隐患或安全质量突发事故,配合事故和隐患调查处理。及时向网格安全员或网格管理员反馈安全生产信息,认真落实网格管理员及项目部的其他工作部署。

## 6.5 责任考核

6.5.1 工程项目安全生产三级网格考核管理依托平安工地建设体系考核同步开展。第三级网格每月自考,第二级网格每季度自考并考核第三级网格,第一级网格每半年自考,每季度对下两级考核评价。

6.5.2 考核工作由各单位安全生产领导小组组织。第二、三级网格的各个细分网格的考核管理机制由总监办、各项目部自主建立并落实。第三级网格内管理人员按岗位安全生产责任制考核管理,作业人员以"积分制"考核管理,"三违"人员扣减积分,举报、纠正隐患问题的人员奖励积分;第三级网格内班组优秀评选应用积分制考核成果。

6.5.3 安全检查和巡查问题汇总后,对应落实到各细分网格,作为考核依据。网格考核结果直接应用于项目履约考核、品质平安工程优质安全考核中。

6.5.4 当月考核处于末位的细分网格,应给予通报批评。网格区域内各级管理人员进入产业工人培训中心进行再培训,合格后上岗。连续两个月考核均处于末位的细分网格,其网格管理人员落实撤换措施,给予相应班组或作业队经济处罚,相应违规人员作劝退处理。

6.5.5 网格管理员要通过班前会、班中指导、班后总结的方式，采用"7S"（整理、整顿、清扫、清洁、素养、安全、节约）管理，调动现场人员安全工作的积极性，提高现场人员自我安全管理意识，对项目网格化管理工作进行支持监督，更好地发挥网格化管理作用。

## 6.6 实施要求

6.6.1 三级网格化管理模式可依托信息化平台，结合智能定位与智能行为识别系统实施。实施网格化管理是落实安全生产责任制，切实抓好施工一线的安全管理工作的重要举措。各级人员应切实履行安全生产职责，通力合作，以保证网格化安全管理的信息准确性、整改及时性、链条便捷性、结果有效性。

6.6.2 网格化安全管理应以班组标准化管理为依托，强化项目部与班组的管理联系，充分发挥正向激励、反向约束的作用，进一步消除现场作业隐患和提高一线作业人员的安全素质。

6.6.3 网格单元应按"地点相邻、工作相近、性质相似"的原则来合理划分，避免网格单元区域面积过大或过小，导致很难管控到位或造成资源浪费。网格区域应保持相对固定，不应频繁调整。特殊情况下，可随施工进展情况，进行合并或重组，但需覆盖所有工作区域。网格单元不得因安全质量风险降低而撤销。

# 第七章

## 隐患排查治理工作要求

## 7.1 定义

安全生产隐患是生产经营单位违反安全生产法律、法规、规章、标准、规程和安全生产管理制度等规定，或因其他因素在生产经营活动中存在的可能导致安全生产事故发生的人的不安全行为、物的不安全状态、场所的不安全因素和管理上的缺陷。

## 7.2 工作原则

隐患治理工作应坚持"单位负责、行业监管、分级管理、社会监督"的原则。

## 7.3 责任分工

生产经营单位是隐患治理的责任主体，生产经营单位主要负责人对本单位隐患治理工作全面负责，应当部署、督促、检查本单位或本单位职责范围内的隐患治理工作，及时消除隐患。交通运输部指导全国公路水路行业安全生产隐患治理管理工作。地方交通运输管理部门和有关部属单位指导管辖范围内安全生产隐患治理管理工作。属地负有安全生产监督管理职责的交通运输管理部门具体负责管辖范围内生产经营单位安全生产隐患治理的监督，督促生产经营单位落实重大隐患治理和报备。

## 7.4 隐患分级

隐患分为重大隐患和一般隐患两个等级。重大隐患是指极易导致重特大安全生产事故,且整改难度较大,需要全部或者局部停产停业,并经过一定时间整改治理方能消除的隐患,或者因外部因素影响致使生产经营单位自身难以消除的隐患。一般隐患是指除重大隐患外,可能导致安全生产事故发生的隐患。

## 7.5 建立清单台账

生产经营单位应当在项目开工前,依据风险管控清单(信息台账)建立事故隐患排查清单,并编制隐患治理信息台账。事故隐患排查应当包括排查的风险部位、风险管控措施、风险失控表现、失职部门和人员、排查责任部门和责任人、排查时间等内容;隐患治理信息台账应当包括隐患名称、隐患等级、治理措施、完成时限、复查结果、责任部门和责任人等内容。

## 7.6 一般隐患整改

生产经营单位对发现或排查出的隐患,确定隐患等级,形成隐患清单。应对排查出的隐患立即组织整改,隐患整改情况应当依法如实记录,并向从业人员通报。一般隐患整改完成后,应由生产经营单位组织验收,出具整改验收结论,并由验收主要负责人签字确认。

## 7.7 重大隐患整改

7.7.1 重大隐患整改应制订隐患整改专项方案并及时消除隐患,包括以下内容:整改的目标和任务;整改技术方案和整改期的安全保障措施;经费和物资保障措施;整改责任部门和人员;整改时限及节点要求;应急处置措施;跟踪督办及验收部门和人员。

7.7.2 重大隐患整改方案实施前应当由生产经营单位主要负责人组织相关负责人、管理人员、技术人员和具体负责整改人员进行论证,必要时可以聘请专家参加。

7.7.3 生产经营单位在隐患整改过程中,应当采取相应的安全防范措施,防范发生安全生产事故。

## 7.8 工作要求

7.8.1 生产经营单位组织开展隐患排查治理和安全生产检查,应当对照风险管控清单(信息台账),检查风险部位、风险管控措施或者管控方案的落实情况,开展安全生产事故隐患排查治理活动。推进安全风险管控与隐患排查治理双重预防机制建设。

7.8.2 事故隐患排查包括定期排查和专项排查。生产经营单位应当按照隐患排查制度要求,定期开展安全生产检查,排查事故隐患。主要负责人每季度至少组织并参加一次,安全管理部门每旬至少组织一次,责任区段每周至少组织一次,班组每天组织一次。

7.8.3 有下列情形之一的,应当开展专项排查:与本单位安全生产相关的法律、法规、规章、标准以及规程制定、修改或者废止的;设备设施、工艺、技术、生产经营条件、周边环境发生重大变化的;停工停产后需要复工复产的;发生生产安全事故或者险情的;县级以上人民政府负有安全生产监督管理职责的部门组织开展安全生产专项整治活动的;气候条件发生重大变化或者预报可能发生重大自然灾害,对安全生产构成威胁的。

7.8.4 生产经营单位应当对下列因素开展隐患排查:从业人员是否存在违反安全操作规程和相关安全管理规定的行为;生产经营场所和设施设备是否符合安全生产相关规定、标准要求;是否按照有关法律、法规、规章和强制性标准规定建立实施安全生产管理制度;其他可能造成生产安全事故的因素。

7.8.5 生产经营单位应当根据生产经营活动特点,定期组织对本单位隐患治理情况进行统计分析,及时梳理、发现安全生产苗头性问题和规律,形成统计分析报告,改进安全生产工作。

7.8.6 生产经营单位在生产经营活动中存在项目发包、场地或设施设备出租的,应当对承包单位、承租单位的安全生产条件或者相应资质进行审查,并签订专门的安全生产管理协议，或者在承包合同、租赁合同中约定有关安全生产管理事项，明确双方隐患治理责任。

7.8.7 生产经营单位应当建立隐患治理表彰、激励机制，鼓励从业人员主动参与排查和消除隐患，并将隐患治理责任落实情况作为重要内容纳入员工岗位绩效考核。

7.8.8 生产经营单位应当建立隐患治理全员参与机制，畅通投诉、举报渠道，鼓励从业人员对生产经营活动中隐患治理责任不落实、危及生产经营安全的行为和状态进行投诉或举报，并切实保障投诉或举报人的合法权益。

## 7.9 本项目常见重大事故隐患

本项目常见重大事故隐患清单见表7.9-1。

表 7.9-1 本项目常见重大事故隐患清单

| 工程类别 | 施工环节 | 隐患内容 | 易引发事故类型 | 判定依据 |
|---|---|---|---|---|
| 工程管理 | 方案管理 | 1. 危险性较大的分部分项工程未编制专项施工方案。<br>2. 方案未按程序审核、批准及组织专家论证。<br>3. 需要计算、验算的无计算验算结果。<br>4. 未对方案进行施工交底。 | 各类事故 | 《公路水运工程安全生产监督管理办法》第二十三条；JTS 205 第 4.7.7 |
| | 安全生产条件 | 1. 未执行工程项目、合同段及危险性较大分部分项工程开工前安全生产条件核查程序，已经开工建设的项目。<br>2. 动火、动电、密闭空间及起重吊装等危险作业未办理审批手续。<br>3. 驻地、拌合站、钢筋加工厂、临时码头、支架、模架、塔吊等未按规定办理移交验收手续、已经投入使用。<br>4. 未对风险进行全面辨识并制订重大风险管控方案、编制应急预案。 | 各类事故 | 《公路水运工程平安工地建设管理办法》（交安监发[2018]43号）；《江苏省公路水运工程平安工地建设考核评价标准》（2022版） |
| | 施工许可 | 1. 未办理跨线、涉路施工交通管制及水上、水下作业等相关手续，或未取得断航、断水、断电许可手续。 | | 《江苏省公路水运工程平安工地建设考核评价标准》（2022版） |
| | 责任落实 | 1. 未与建各方签订安全生产合同。<br>2. 未与分包单位签订安全管理协议或分包资质不符合要求。<br>3. 未与交叉作业第三方产权单位签订安全管理协议。<br>4. 危大工程施工明确主要负责人、部门负责人和专职安全员。 | | 《公路水运工程平安工地建设管理办法》（交安监发[2018]43号）；《江苏省公路水运工程平安工地建设考核评价标准》（2022版） |
| | 设备人员 | 1. 特种设备及人员资格证书无效或无证上岗。<br>2. 未对人机资质证书、合格证及检测证明、机械性能等检查验收。<br>3. 未组织开展三级安全教育。 | | JTS 205 |

续表

| 工程类别 | 施工环节 | 隐患内容 | 易引发事故类型 | 判定依据 |
|---|---|---|---|---|
| 临时工程 | 两区三场建设 | 1. 施工驻地及场站设置在易受山体滑坡、泥石流或潮水、洪水侵袭和雷击的区域。<br>2. 施工现场办公、生活区和作业区未分开设置或安全距离不足,易燃易爆物品仓库或其他危险品仓库的布置以及与相邻建筑物的距离不符合国家和有关部门的规定。<br>3. 生产生活区防火及用电安全措施存在严重缺陷、安全通道不畅。<br>4. 使用前未组织开展消防、用电、防雷安全专项验收。<br>5. 未按照批准方案实施,结构基础及钢结构材料不符合要求。<br>6. 应急疏散图、风险告知牌、验收公示牌未设置。 | 山体滑坡、泥石流自然灾害<br><br>火灾、爆炸 | JTS 205 第 4.1.2<br><br>《公路水运工程安全生产监督管理办法》第二十五条;《危险化学品安全管理条例》第十九条;GB 18265 第 6.1;JTS 205 第 4.1.1、4.1.5、4.5.6 |
| 通用作业 | 脚手架、支架作业 | 1. 未处置支架基础、支架未按规范方案要求搭设、预压、验收。<br>2. 支架搭设使用无产品合格证、未经危验收或验收不合格的管材、构件。<br>3. 连墙件未设置或设置不全、转角拐弯处未设置斜撑。<br>4. 未设置上下作业通道,未设置防倾覆措施或未进行防倾覆验算。<br>5. 安全平网、安全立网未设置。<br>6. 风险告知牌、验收公示牌未设置。 | 高处坠落、坍塌、物体打击 | JTG F90 第 5.2.1~5.2.7;<br>JTG/T 3650 第 5.4.5.5 |

续表

| 工程类别 | 施工环节 | 隐患内容 | 易引发事故类型 | 判定依据 |
|---|---|---|---|---|
| 通用作业 | 模架模板作业 | 1. 未按规范或方案要求安装或拆除墩墙、闸墙等处的模板。<br>2. 未按规范或方案要求安装或拆除移动模架等。<br>3. 各类模板使用的螺栓违章使用数量不足。<br>4. 模架模板吊装作业、临时固定措施不到位。<br>5. 安全操作平台和上下安全通道焊接不符合要求，未按方案组验收。<br>6. 风险告知牌、验收公示牌未设置。 | 坍塌、坠落、物体打击、机械伤害 | JTS 205 第 5.3.4.2；JTG F90 第 5.2.13.5.2.14.8.9.4.8.9.5、8.11.2；JTG/T 3650 第 5.3、5.5 |
| 通用作业 | 特种设备设施作业 | 1. 使用未经检验或验收不合格的起重机械。<br>2. 未按规范或方案要求安装拆除塔式、桁式或缆索式等起重机械。<br>3. 使用汽车吊车、浮吊、桁吊、塔吊等组合构物安全距离不足，支承面承载能力不足。<br>4. 与周边高压杆线和结构物安全距离不足，违反"十不吊"原则。<br>5. 支腿未完全打开或处于不平稳状态，无证人员盲目操作。<br>6. 两台设备抬吊未编制专项方案，未进行试吊。<br>7. 避雷接地、安全限位装置失灵。吊钩磨损裂缝及钢丝绳断丝卡扣缺陷。<br>8. 风险告知牌、验收公示牌未设置。 | 起重伤害、坍塌、触电 | 《中华人民共和国特种设备安全法》第十四条，第四十条；JTS 205 第 5.7.1 |
| 通用作业 | 施工船舶作业 | 1. 运输船舶无配载图、超航区运输、上下船设施不安全稳固。<br>2. 工程船舶防台、防汛、防雾风应急预案、应急生设施、应急拖轮等配备不足。<br>3. 工程船舶改造、船舶与陆用设备组合作业未按规定验算船舶稳定性和结构强度等。<br>4. 使用不合格起重船舶超载吊运、作业区域未警戒或未取得作业许可等。<br>5. 使用不合格运输船舶超载运输。<br>6. 风险告知牌、验收公示牌未设置。 | 船舶沉没、淹溺 | JTS 205 第 4.7.3.6.2.8、10.1.3、10.1.4、12.1.1.1、12.2.1 |

续表

| 工程类别 | 施工环节 | 隐患内容 | 易引发事故类型 | 判定依据 |
|---|---|---|---|---|
| 船闸工程 | 临时用电 | 1. 未按照临时用电方案进行布设,未组织验收。<br>2. 无证人员擅自动电。<br>3. 电缆线老化、破损,私拉乱接,架空或敷设不符合规范要求。<br>4. 电器设备保护零线未连接或接触不良。<br>5. 漏电保护器故障或未按要求设置漏电保护。<br>6. 电器房配件、电缆线设置质量不合格。 | 触电、火灾 | JGJ 46;JTS 205 |
| | 围堰工程 | 1. 未按设计或方案要求施工围堰。<br>2. 未定期开展监测监控,工况发生变化时未及时采取措施。<br>3. 船舶碰撞,随意拆除,擅自削弱钢围堰内部支撑杆或在其上堆放重物、停放重型车辆等。<br>4. 土石围堰无防排水和防汛措施。<br>5. 钢围堰无防撞措施,侧壁随意靠泊施工船舶。<br>6. 钢围堰拉杆连接不可靠,未进行质量安全验收就投入使用。<br>7. 应急值守船舶和人员、带班生产人员、专职安全员未落实。<br>8. 风险告知牌、验收公示牌未设置。 | 淹溺、坍塌、船舶沉没 | JTG F90 第 5、8.22、8.7.3、8.7.4、8.7.5;JTG/T 3650 第 13.2.1、13.2.2、13.3.4、13.3.8;77 号文件 |
| | 闸首、闸室基坑开挖及降水工程 | 1. 深基坑无降(排)水方案或无施工监测措施。<br>2. 基坑周边 1 m 范围内随意堆载、停放设备。<br>3. 深基坑施工支护、防护措施不足,随意拆除支护、支撑杆件。<br>4. 未按照方案实施,边坡超挖,降水不连续抽水,违反程序先挖后支护。<br>5. 支护管节吊装、焊接违章作业、交叉作业。<br>6. 灌注桩、止水帷幕基坑支护水结构强度不足。<br>7. 临时用电未按方案规范布置。<br>8. 基坑发生管涌、渗漏。<br>9. 应急物资未落实、带班负责人、专职安全员未设置。<br>10. 风险告知牌、验收公示牌未设置。 | 坍塌、溺水、机械伤害、触电 | JTS 205 第 8.5.1、8.1.5.1、8.1.3;JTG F90 第 8.8.4 |

续表

| 工程类别 | 施工环节 | 隐患内容 | 易引发事故类型 | 判定依据 |
|---|---|---|---|---|
| 船闸工程 | 现浇底板 | 1. 钢筋骨架支撑加固不稳。<br>2. 模板支撑固定不可靠，失稳。<br>3. 临时用电未按照方案规范布置。<br>4. 上下安全通道及周边防护未设置。 | 坠落、触电、倾覆 | JTS 205；JTG F90 |
|  | 现浇闸首边墩门库 | 1. 支架、脚手架未按方案或规范要求搭设，未预压和分阶段验收，未设防倾覆措施，使用不合格材料，架体大量堆载物料。<br>2. 模板吊装吊点及钢丝绳不符合要求，起重设备失稳或违章作业，临时固定满铺或连接螺栓遗漏，拉杆不符合要求，架体大量堆载物料。<br>3. 混凝土浇筑速率过快，卸料高度大于2 m，卸料斗下站人。<br>4. 应急物资未落实，带班负责人、专职安全员未配置。<br>5. 临时用电未按方案规范要求布置。 | 坍塌、坠落、触电、物体打击 | JTS 205；JTG F90 |
|  | 现浇闸墙 | 1. 模架吊装吊点及钢丝绳不符合要求，起重设备失稳或违章作业，临时固定措施或连接螺栓遗漏，拉杆不符合要求，架体高度大于2 m，卸料斗下站人。<br>2. 混凝土浇筑速率过快，卸料高度大于2 m，卸料斗下站人。<br>3. 应急物资未落实，带班负责人、专职安全员未配置。<br>4. 临时用电未按方案规范要求布置。 | 坍塌、坠落、触电、物体打击 | JTS 205；JTG F90 |
|  | 现浇导航墙 | 1. 支架、脚手架未按方案或规范要求搭设，未预压和分阶段验收，未设防倾覆措施，使用不合格材料，架体大量堆载物料。<br>2. 模板吊装吊点及钢丝绳不符合要求，起重设备失稳或违章作业，临时固定满铺或连接螺栓遗漏，拉杆不符合要求，架体大量堆载物料。<br>3. 混凝土浇筑速率过快，卸料高度大于2 m，卸料斗下站人。<br>4. 临时用电未按方案规范要求布置。 | 坍塌、坠落、触电、物体打击 | JTS 205；JTG F90 |

续表

| 工程类别 | 施工环节 | 隐患内容 | 易引发事故类型 | 判定依据 |
|---|---|---|---|---|
| 船闸工程 | 闸门启闭机制作安装 | 1. 未按方案规范运输和安装。<br>2. 特种设备、电工、焊工、起重工、信号工及机械操作人员未持有效证件上岗和疲劳作业、违章作业。<br>3. 个体防护、安全防护措施未落实或防护存在缺陷、高处作业场所未设置安全防护等措施(安全绳索、防坠网、栏杆等)。<br>4. 电缆线、配电箱等电气设施不合格(线路破损、老化)。<br>5. 氧气乙炔气瓶、吊索吊篮等设备等未进行进场验收。<br>6. 切割火花、油料无防护、易燃易爆物品与其他易燃物混存放现场、无灭火装置等。 | 倾倒、坠落、触电、物体打击 | JTS 205；JTG F90 |
| 桥梁工程 | 墩柱施工 | 1. 桥墩施工未搭设施工作业平台。<br>2. 起重作业、脚手架、模板固定存在通用作业明确隐患。 | 坍塌、坠落 | JTG F90 第 8.9.2 |
| | 砼箱梁制作安装 | 1. 设备带病作业或支腿不平稳、基地承载不够。<br>2. 吊具及钢丝绳未验收、存在缺陷或不匹配。<br>3. 架桥机安装固定不可靠、支腿不稳等。<br>4. 监管缺失、安全警戒、警示不到位。<br>5. 起重机、起重设备人员检查验收不到位、未持证上岗、违章作业。<br>6. 临时用电布设不符合方案规范要求。 | 坠落、触电、物体打击 | JTG F90 第 8.11.3 |
| | 钢箱梁制作安装 | 1. 起重设备带病作业或支腿不平稳、基地承载不够。<br>2. 吊具及钢丝绳未验收、存在缺陷或不匹配。<br>3. 顶推设备安装固定不可靠、未织织验收。<br>4. 起重机及操作人员未持证上岗、违章作业。<br>5. 监管缺失、安全警戒、警示不落实。<br>6. 顶推方案不完善或落实。<br>7. 应急措施未落实、带班负责人、专职安全员未落实。<br>8. 临时用电布设不符合方案规范要求。 | 坠落、触电、物体打击 | JTG F90 |

续表

| 工程类别 | 施工环节 | 隐患内容 | 易引发事故类型 | 判定依据 |
|---|---|---|---|---|
| 桥梁工程 | 系杆拱制作安装 | 1. 系杆拱钢结构焊接质量未检查验收。<br>2. 吊装方案不完善或未落实，吊点位置不符合要求。<br>3. 特种设备及人员未持证上岗，设备带病作业或支腿不平稳，基地承载不够。<br>4. 安全防护警戒不到位，违章作业。<br>5. 未对吊具、钢丝绳、设备进行检查验收。<br>6. 应急措施未落实，带班负责人、专职安全员未落实。<br>7. 临时用电布设不符合方案规范要求。 | 坠落、触电、物体打击 | JTG F90 |
| | 老闸拆除 | 1. 拆除施工方法、流程未按照方案要求实施。<br>2. 拆除作业人员面不稳固，操作人员疲劳作业，存在"三违"行为。<br>3. 未安排专人负责看护，警示警戒不到位，工人闯入拆除区域。<br>4. 场内作业拆除，未切断切绳，采用从线杆根部挖除放倒的方法拆除作业时，警戒区内人员、设备未撤离。<br>5. 交叉作业安全措施不落实。<br>6. 运渣车或运输船舶超载运输。 | 坍塌、物体打击、机械伤害 | JTS 205 |
| 拆除工程 | 老桥拆除 | 1. 未办理封航，中断交通相关手续，现场管制措施不到位。<br>2. 拆除作业未按照方案规定流程、方法实施。<br>3. 丁梁未采取临时固定措施。<br>4. 起重设备、电工、焊工、起重工、信号工及机械操作人员未持有效证件上岗，操作人员疲劳作业，设备带病作业，违章作业，起重机支腿不平稳，基础不满足受力要求等。<br>5. 吊装吊具、钢丝绳、卡扣等未进行检查验收，存在断丝、裂纹、卡扣数量不足等问题。<br>6. 强风、暴雨、大雾等不良天气拆除作业及吊运作业。<br>7. 电缆线、配电箱等电气设施不合格（线路破损、老化）。<br>8. 高处作业防坠安全设置安全防护等措施安全绳索、防坠网、栏杆等）。<br>9. 切割火花、油料无防护，易燃易爆物品与其他易燃物混存放现场，无灭火装置等。 | 坠落、倾覆、触电、物体打击 | JTG F90 |

备注：1. JTS 205：《水运工程施工安全防护技术规范》(JTS 205—1—2008)；2. GB 18265：《危险化学品经营企业安全技术基本要求》(GB 18265—2019)；3. JTG F90：《公路工程施工安全技术规范》(JTG F90—2015)；4. JTG/T 3650：《公路桥涵施工技术规范》(JTG/T 3650—2020)；5. JGJ 46：《施工现场临时用电安全技术规范》(JGJ 46—2005)；6. JTG F90：《公路桥梁双壁钢围堰施工安全技术规范》(JTG F90—2015)；7. 77号文件：《交通运输部办公厅关于转发重庆市交通委员会关于加强桥梁工程施工安全管理工作的通知》(交办安监〔2015〕77号)。

第七章　隐患排查治理工作要求

# 第八章

## 安全风险信息化管理

## 8.1　信息化风险管理目的

为加强生产经营单位安全风险管理,加快实现生产安全事故隐患治理模式向事前预防转变,构建安全风险防范化解机制,从源头上准确、高效、科学地防范化解重大安全风险,生产经营单位应积极响应上级有关安全生产信息化管理要求,将安全风险防控工作内容拉入信息化管理范畴,通过智慧工地系统管理平台及物联网等技术,实现项目安全生产风险可知透明化、可控自动化、可视实时化、智能化、图斑化。并通过信息化管理平台快速统计测控数据、分析评估风险、实时预警警告,达到科学决策、动态循环控制安全风险的目的。

## 8.2　信息化风险管理途径

按照安全风险分级管控的相关要求,利用信息化平台开展工作,实现对安全风险记录、跟踪、统计、分析、上报等全过程的信息化管理。生产经营单位应指定专人负责安全风险的辨识、评估、管控、监测、报告等相关信息的采集或录入工作。

## 8.3　系统预警信息处理

信息化系统运行过程中,生产经营单位要按照安全风险分级管控职责认真组织分工,对照安全风险管控的相关标准逐级落实,及时处理信息化系统发出的预警预报信息,确保安全生产风险持续受控。对系统存在的问题及时提出整改意见和建议。

## 8.4 专职管理人员职责

生产经营单位安全风险信息化管理专职人员必须及时、有效上传相应信息数据。负责系统日常运维及信息上报工作。

## 8.5 主体责任落实

施工单位应主动履行安全风险防控信息化管理主体责任,加强安全风险信息化管理,根据风险辨识评估结果即风险管控清单,将安全风险信息化系统的信息采集、感知设施及时设置到各施工安全风险防控区域,施工船舶、围堰基坑、船闸主体、拌合站及钢筋加工等关键部位视频监控全覆盖,实现对基坑围堰安全风险的自动化监测预警。

## 8.6 创新管理要求

施工单位应重点抓好安全风险防控信息化管理创新工作,探寻应用有关安全风险防控方面的新技术、新材料、新装备及新方法,不断拓展安全风险信息化防控手段,保障工程本质安全。比如在较大风险区域入口处或醒目位置设置电子显示屏,实时公告该区域安全风险等级、潜在的安全风险、易发事故类型、应急管控措施及责任人等信息内容,并根据施工内容变化分阶段更新公告内容;又如在施工现场设置语音警示警告播报系统上下班定时播报安全作业相关要求。